猫組長（菅原潮）

カルト化するマネーの新世界

元経済ヤクザが明かす「黒い経済」のニューノーマル

講談社＋α《プラスアルファ》新書

はじめに

新型コロナウイルスが本当に破壊しているのは「健康」ではない。人間社会を根底から支える「信用」だというのが私の考えだ。ソーシャルディスタンスとは「隣人が感染しているかもしれない」という「不信の距離」なのである。

人間の信用を破壊する存在こそ「暴力」だ。ゆえに新型コロナウイルスとは「暴力」ということになる。移動や飲食店経営など、これまで当たり前に許されていた「私権」を、国家が制限するのも「暴力」だ。

暴力には暴力でしか対抗できないという事実をコロナ禍はあぶり出した。

２０２０年１月から新型コロナウイルスの感染拡大が始まった。予防法も治療法も確立されていない未知のウイルスに対して、移動制限だけが対抗手段となった。個人消費が大きく冷え込んだ結果、世界中の経済成長が停滞するコロナ・ショックが起きたのである。

この反動として２０２０年３月下旬から金融市場は「コロナ・バブル」へと向かった。そうさせたのは2008年のリーマン・ショックの教訓が大きい。

リーマン・ショックではマネーへの不信が膨張し、基軸通貨ドル不足により金融が停止。その後、実体経済へと影響を与えた。この時の教訓から、実体経済を先に直撃したコロナ・ショックに対して、2020年3月下旬から未曾有の金融緩和が行われた。アメリカの中央銀行にあたるFRB（連邦準備制度理事会）が世界中にドルを供給。ドルに準拠する円、ユーロ、ポンドなども供給を拡大させた。

マネーの出口である実体経済が停止している状況に、大量のマネーがなだれ込んだのだ。出血点がわからないのに、大量の輸血を行って延命を図るといえばわかりやすいだろうか。

こうして氾濫したマネーは金融市場へとなだれ込み、その結果、株高が起こった。この「コロナ・バブル」に引き寄せられて、株式投資への新規参入者が激増することとなった。コロナ禍への不安、手のひらの上で株取引ができるスマートフォンの普及と、参入環境は整い過ぎるほどだった。

新規参入者の多くが「将来の資産形成」を口にするが、やっていることは「トレーディング」（値動き主体の売買）がほとんどだ。しかし、一般市民の資金ボリューム（取引量）と情報量で、ボラティリティ（価格変動の度合い）を基に売買をして「資産形成」ができるのか――投資家である私は強い疑義を持っている。

このように「コロナ禍」は多くのはき違えを生んでいる。

こうした「はき違え」は「コロナ禍」に対する問題意識から始まっているのではないか。新型コロナウイルスについては楽観論・悲観論がないまぜになっているが、いずれも「健康問題」の枠の中で行われている。

金本位制は、実在する「ゴールド」がマネーの価値を支える制度だ。１９７１年８月15日に、アメリカ大統領のリチャード・ニクソン（当時）が、ドルとゴールドの兌換《だかん》停止を宣言して以降、マネーの価値は信用によって支えられている。新型コロナウイルスという暴力はマネーの信用を破壊した。金融緩和とは、破壊された信用を強制的に膨張させるという意味だ。

強制膨張させた信用の端っこでは、「歪《いびつ》な信用」である「カルト」が発生する。欧米では経済的自立と早期退職を目指す「ＦＩＲＥムーブメント」が起こり、日本に飛び火した。また、個人投資家がＳＮＳを中心に集まり「悪」に見立てた巨大ヘッジファンドを打ち倒すという事件も起きた。博打にしか過ぎない「暗号資産」も暴騰し、本気で儲かると信じ込んでいる人も多く現れる。２０２０年４月にコロナ相場を牽引したのは「ワクチン銘柄」だ。

「ワクチン開発」をぶち上げ、株価を操作する事件に、私も巻き込まれることになった。「資産形成」を目的にしながら「トレーディング」を行う矛盾した人たちも含めて、多くの人が急速に信用膨張したマネーのカルトに取り憑かれているとしか思えない。

80年代バブルの時も、「好景気は永遠に続く」というカルトが生まれた。バブル崩壊とともに背負った巨額の負債から家、家族、信頼、命を失う人も出た。このカルトを信じた一人が私だが、負債の一部が暴力団だったことから、返済の代わりに我が身を黒い社会に差し出すことになったのだ。

コロナが暴力であり、暴力への対抗策としてマネーが氾濫する——この暴力とマネーの関係を解説できるのは、元経済ヤクザとして〝黒い実務〟を行ってきた私だけだと自負している。本書では、コロナ禍で生まれた数々のマネー・カルトを実例に基づいて解説。その反証として「王道の投資」による「資産形成」を紹介した。

2020年12月にアメリカで新型コロナのワクチン接種が開始された。日本でも2021年2月中旬の医療関係者への優先接種を皮切りに、高齢者、若年層への大規模接種へとワクチン供給が進んでいる。間もなく日本にも、「新冷戦の緊張激化」と「コロナ禍復興」がコンボで訪れる。アフター・コロナの時代を生き抜くために必要なのは、個人個人が「暴力」

と向き合うことだ。

一人でも多くの読者の皆さんが、「豊かさ」を手に入れることが本書の目的である。その実現を願っている。

目次

第2章　資産形成の「奴隷」

第3章　〝黒い〟コロナミクス

第4章　コロナ禍の「地下経済」

第5章 「王道の投資」と資産形成

第6章 アフターコロナに訪れる「国家暴力の時代」

第1章　コロナ禍と「マネー・カルト」

新型コロナウイルスとは「暴力」である

コロナ時代、世界中が「利殖」に取り憑かれた。はたしてこれは万人に与えられたマネーを得るチャンスなのか——その検証をする上で、まずは「土台」となる「コロナ問題の本質」を解き明かすところから始めたい。

新型コロナウイルスにおいては感染者数や健康被害という「疾病の問題」に議論が集約されているが、私はここに強い違和感を覚えているからだ。また「疾病」に囚われる限り、コロナ禍によって変質したマネーの性質も見えてこない。

そう考える根拠は私が人生で獲得した希有な経験にある。かつて私は暴力団に所属し暴力を力点にしたファイナンスを行い、石油ビジネスに関与して国際金融を実務とした。テロ組織の資金洗浄に巻き込まれ、銀行ごとアメリカに没収。ドルと暴力の濃厚な関係を経験する。

1945年の敗戦から日本人は、あらゆる「暴力」から遠ざかって生活を送り、「暴力」について思考停止をしているというのが私の解釈で、そこに降ってきたのが新型コロナウイルスという「暴力」だ。「コロナ禍」という巨大な問題の本質を見抜くことができるのは、多くの日本人が持っていない「暴力の価値」を知悉した私だと自負している。

まずはコロナ禍の経緯を整理しよう。

厚生労働省が、日本での新型コロナウイルスの感染者第一例を発表したのは、２０２０年1月16日のことだった。同省の発表によると、神奈川県に住む30代の男性患者は1月３日から発熱し、同月６日に中国の武漢市から帰国。１月14日に神奈川県内の医療機関から管轄保健所に報告された。その11日後の1月25日から始まった中国の大型連休、春節を境に日本国内で感染者が増え続ける。

こうしてコロナ禍が始まった。

ツイッターや、雑誌『プレジデント』の連載を通じて感染拡大の危険性を訴え続ける私を「コロナ脳」と嘲《あざけ》る声は多い。２０１１年の福島第一原発事故以来、過度に放射性物質を恐れる人に対するネットスラング「放射脳」をもじった言葉だ。福島の放射性物質同様に、コロナは「たいしたことがない」というのがこうした人の主張だ。インフルエンザや肺炎など既存の病気とコロナの「致死率」「死者数」「患者数」を比較して論拠としている。

ＪＸ通信社のデータによれば、２０２１年7月24日時点の日本国内の感染者総数は86万２０４７人で、回復者数は80万９９０１人、死亡者数が1万５１１６人。死亡率は１・７５％ということになる。また日本の総人口は約1億２６２２万人なのだから、感染者総数は全人口の約0・68%で死亡者数は約0・01%だ。

2021年5月9日には、当時、内閣官房参与だった高橋洋一氏が各国の新規新型コロナウイルス感染者数のグラフを引用して、

「日本はこの程度の『さざ波』。これで五輪中止とかいぅと笑笑」

と、ツイート。このことをきっかけに高橋氏は内閣官房参与を辞任した。

この「さざ波」発言は、コロナ問題の「本質」に触れていると私は考えている。というのも、実はこの評価は条件付きで「正しい」からだ。「感染拡大の危険性」を訴えながら、こう評価することを意外だと感じる人も多いと思う。ポイントは「評価する立ち位置」にある。

皆さんは集団と対峙《たいじ》する時の「スナイパー」（狙撃手）の攻撃方法をご存じだろうか。スナイパーは発見できない場所に身を潜ませ、集団で移動する敵を待つ。射程範囲に入ると、集団の一人に死なない程度の致命傷を与える。負傷した味方を助けるために、敵は人数を割かなければならなくなる。これを繰り返せば、多くの敵をたった一人で足止めすることができるということになる。

重要なポイントは「殺す」ことではなく、「深傷《ふかで》」を与える点だ。殺してしまえば置き去

りにできるが「深傷」は救命、救助のためのリソースを必要とする。地雷も同様で、敵の四肢の一部を吹き飛ばすことで集団からリソースを奪うことができるということだ。

　この被害は大本営側から見れば「最前線の負傷者一人」と評価される。したがって「戦争全体」という視点から見れば、「さざ波」という表現は正しい。一方で負傷兵の運搬、治療、リハビリと戦場の後方では多くの人的、物的なリソースが割かれることになる。

　たった一人が多数の「さざ波」を発生させるのが「スナイパーの暴力」だ。脅威であるがゆえに、戦闘区域にスナイパーを入れさせないように監視を徹底。侵入された場合は、すみやかに排除するということになる。もちろんこうした対応にも多くのリソースが割かれるが、「さざ波」によって持続的にリソースを消耗されるより効率的であることは言うまでもない。

　こう整理すれば、新型コロナウイルスが「スナイパー」や「地雷」といった、「殺さない暴力」に極めて似ていることが理解できるだろう。

「死亡率１・７５％」ということは「治癒率98・25％」ということだ。これは新型コロナウイルスが「安全」という意味ではなく、社会が持っている医療などのリソースを莫大に奪うという意味である。

新型コロナウイルスのもっとも凶悪な暴力性は、発症するまで、あるいは発症後も、感染した当人が「スナイパー」や「地雷」になっている自覚がないことにある。

暴力が破壊した「信用」

新型コロナウイルスという「暴力」によって、2020年度の日本のGDP（国内総生産）は戦後最悪の落ち込みとなる前年度比4・6％のマイナスとなった。

それまで通勤することが当たり前だった経済活動は、通勤しないことが前提になった。通学が前提だった教育も同様だ。自宅での滞在時間が延びたことで、家族の関係も変容した。帰って寝るだけの「ベッドホーム」から、ほぼ全員が「ステイホーム」となったことで、狭い都市部の住宅から比較的広い郊外の住宅への転居を求める人も多くなった。それに伴って地価に変化が起こっている。

また地下経済では、他人との直接接触を必要とするキャバクラや風俗など「女性」関連のビジネス規模は凄惨と呼ぶほどの縮小を余儀なくされた。鬱屈《うっくつ》した欲求を接触せずに満たそうという人の欲が噴出した結果、伸びたのが地下カジノである。

こうしたことから考えても、コロナ禍を通じて、それ以前の「ノーマル」が「アブノーマル」になり、「ニューノーマル」（新常識）は「ノーマル」として固定化されることになるだろう。

すなわち、コロナ禍は経済的な打撃だけではなく、価値観を転換する地殻変動を随所で起こしたということだ。これほどの変容をもたらしたのだから、新型コロナウイルスという暴力が破壊しているのは、前節で述べた医療リソースや経済という局面だけではなく、もっと大きいところにあると考えるべきだろう。そもそも新型コロナウイルスが「人の健康を破壊しているだけ」だと思い込むことが根本的な間違いだ。

コロナ禍の問題の本質は「コロナが社会構造を破壊している」ことなのだと私は考えている。

そこで国家と市民の関係を歴史的に整理しよう。

今日の国家と市民の関係は17世紀からの「市民革命」を通じて成立した。「国家－市民関係」の理論的なバックボーンを構築した人物がイギリスの哲学者、トマス・ホッブズである。

近代以前の国家では「王」が統治者となっていた。「王」が統治権を持っている理由は、「神」から資格を授与されているという「王権神授説」によっていた。

ところがホッブズは、人間が生命、財産、人権などの権利、「自然権」を持っていると考えた。一方で統治体制がない状態の人間は「万人の万人に対する戦い」を行う動物と化してしまう。放置しておけば弱肉強食化してしまう社会から人間が持つ自然権を守るために統治主体「国家」があり、市民は国家に税金を支払い、国家が市民の「自然権」を守るという関係が成立する。

ホッブズは統治者と市民は「社会契約」を結んでいる関係とした。

統治者は「神」から権利を授与されているのではなく、市民と契約を結んでいるということになる。市民が契約を結ぶ相手は「王」個人ではなく、税金を納める「国家」ということだ。

こうしてまずは理念としての「近代国家」が完成し、のちに革命を通じて実現した。その市民‐国家の契約関係は今日まで続いている。

たとえ感染者総数が全人口の約0・68％で死亡者数は約0・01％だとしても、「社会契約」がある以上、近代国家は市民すべての「自然権」の安全を保障しなければならないということになる。

市民全体の「自然権」を脅かし続けている新型コロナウイルスは、「近代国家」が当たり前に持っていた社会契約を反故にしているということだ。

テロや革命を思い浮かべればわかりやすいが、民意とは無関係に社会構造を破壊する「力」こそが「暴力」である。暴力団が蛇蝎《だかつ》のごとくに忌み嫌われるのも、暴力によって市民の自然権を毀損《きそん》するからだ。

すなわち「コロナ」とは、単に医療などのリソースを奪うのではなく、近代国家と市民の間に結ばれた契約という社会システムの原点を破壊する「暴力」ということになる。

言うまでもなく「契約」とは「言葉」によって交わされる。ビジネスの場面では「契約書」、国家と市民においては「憲法」がそれに当たる。

だがその「言葉」をさらに根底で支えるのは「信用」だ。国力が脆弱な国で犯罪が絶えないのは、国家に対する「信用」が希薄だからだ。「社会システム」を破壊していくコロナは、実は社会の最深部で「信用」を破壊しているのである。

あとで詳しく述べるように、この「信用の破壊」の反動がマネーの大量供給という「信用の膨張」となり、コロナ時代のマネー・カルトを生み出している。

そこでまず、コロナの破壊力について、もう少し掘り下げたい。

投資大国アメリカの有権者でさえ合理的判断ができなくなった

感染パターンの把握やワクチンの開発など、療法が確立されていない未知のウイルスへの対処法を見つけ出すためには、ある程度の時間が必要なことはいうまでもない。だが「国家の契約不履行」に対する市民感情は、国家に対する不信から「集団的憎悪」となり、理性を喪失させた。

理性喪失とは合理的判断ができなくなることだが、２０２０年11月３日に行われたアメリカ大統領選挙は、その好例であると私は考えている。一体なぜか。

ＧＤＰを前年と比較した伸び率を「経済成長率」という。25ページの「アメリカの経済成長率」を参照すれば、アメリカの経済成長率は２０１５年に３・０８％だったものが２０１６年に１・７１％と失速したことがわかるだろう。２０１６年のアメリカ大統領選では共和党候補のドナルド・トランプ氏が、民主党候補のヒラリー・クリントン氏に勝利。２０１７年にはドナルド・トランプ氏によるトランプ政権となり経済成長率は２・３３％と上昇し、２０１８年には３・００％を達成した。途上国であれば急激な成長は可能だが、アメリカのような成熟した先進国で「３・００％」は「大成果」と呼んでも過言ではない成果だ。

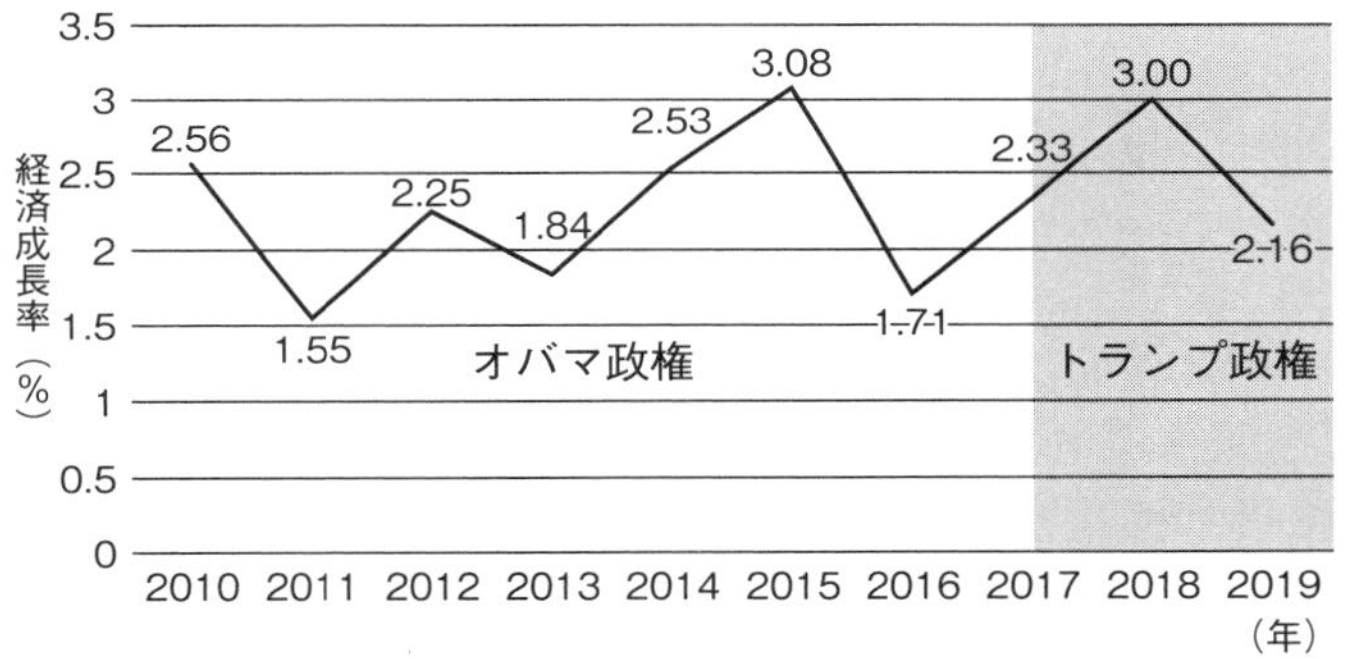

アメリカの経済成長率

翌2019年には2・16%となるが、これは「新冷戦」の入り口である米中貿易戦争が本格化し、その影響が世界経済に及んだことが原因である。アメリカは半導体などのIT分野や、第五世代移動通信規格「5G」などの通信分野、さらには鉄などの原材料分野で、競合国となった中国に追加関税や技術の禁輸などの経済制裁をかけていったのだ。対中貿易赤字が膨らんでいるとはいえ「G2」（米中二極体制）とまで褒めそやした、中国との経済関係縮小という「負」を自国に背負わせたのである。

第二期トランプ政権から中国に奪われつつあった競合分野を取り戻すという意図だ。

投資の利益とは、出資という損失からしか出発しない。この通商戦略は成長率の鈍化という出資リスクを負った投資だ。2019年にニューヨーク株式市場が連日高値を更新し続けたのは、中国から市場を奪ったアメリカの成長を、投資家が期待したことが背景にある。

アメリカの有権者にとっては、待っていれば実りが手に入る状態だったということだ。

2020年大統領選ではトランプ氏の対抗馬だったジョー・バイデン氏がトランプ政権の対中関税政策を「古い」として、一部見直しを公言していた。具体的な通商政策は語られていなかったが、当時の発言の趣旨から考えれば、トランプ政権に行われた「投資」が、「回収」の機会を失う可能性が高かった。

さらにトランプ政権による経済成長の原動力は「減税」で、バイデン氏は「増税」を公約にしている。コロナ恐慌の本格化はこれからで、「恐慌と増税」の組み合わせが恐慌からの脱出を困難にすることは、世界大恐慌時のフーバー政権がすでに証明している。

政権交代によって有権者は、トランプ政権の「投資」に対する回収機会を失うリスクを負うことになるはずだ。アメリカの有権者は、このリスクよりも自国内での感染爆発と莫大な死亡者を生み出した国家への憎悪に駆り立てられたということだ。

「投資大国」アメリカの有権者でさえ合理的な判断ができなくなるほど、コロナの暴力はすさまじいパワーを持っているということになる。

だがこの暴力は、市民‐国家関係よりもっと根深いものを破壊していると私は考えている。

当たり前にあった「信用」が喪失した

ヤクザの現役時代の私の移動手段は車で、運転手がいることがほとんどだった。現金を輸送する時にはベンツ、プライベートで移動する時には書くことのできない速度で自分でポルシェを駆っていた。そんな私が大型二輪の運転免許を取ったのは、2020年10月のことだった。

以来生まれてはじめてバイクに乗るようになったのだが、それによって「コロナ禍」の状況を考えさせられることになる。

私のバイクは軽自動車より軽い車体だが、軽自動車より大きなエンジンが搭載されている。こう聞くと路上を自由に走れると思うかもしれないが、実際は違う。

当たり前だが、バイクはタイヤが二つしかない。路面との摩擦が車の半分しかないので、車に比べれば止まらないし曲がらない。車体が軽量なバイクは路上では何かをはね飛ばすより、常にはねられる側にいる。わずかな力や、緊急回避などの不規則な運動でバランスを崩す。飛び出してきた歩行者や自転車を躱《かわ》そうとして、転倒するのもバイクである。また車体が小さいので速度が遅くみられやすく、右折車との衝突リスクを常に抱えている。

すなわちバイクは道路交通という社会の中の圧倒的弱者ということだ。

運転免許を持っている人ならわかると思うが、教習所では他の車に対して「かもしれない運転」をするように教える。だが交通社会の弱者であるバイクは「相手は待たず曲がってくる」「幅寄せしてくる」「飛び出してくる」という「必ずしてくる運転」をしなければ安全のマージンを確保することができない。

自動車が他の車を信頼して運転できるのは、衝突してもドライバーを保護する構造の車体、シートベルト、エアバッグで保護されている「安心」があるからだ。裸のバイクは自動車よりも「信用」を喪失したまま運転しなければならない。

コロナ禍は、それまで運転手付きの乗客だった皆さんを、強制的にライダーにしてしまった。すなわち、皆さんは、それ以前の立場から「弱者」へと追いやられてしまったということになる。

通常のステージから弱者へと強制移転させられた人たちの感情は、不安となって発露した。まず安直に向かう先は政府批判で、2020年のアメリカ大統領選は「不安」が憎悪となって噴出した結果だ。

健康保険、年金、失業保険といくつもの制度で保護され「安心」している人は、同じ明日が来ることを「信用」している。そうしたセーフティーネットを使い尽くした貧困層は「明日」のことなど考えることはできない。

一般社会の中で弱者は「信用」を喪失しながら生きているということである。「コロナ禍」という状況にあって、地方では「首都圏在住者は全員感染者」と疑っている人が多く、家族にも「帰郷を控えて欲しい」と申し出るようになっている。電車や飲食店で咳を一つでもしようものなら、「危険人物」の視線が集まる。

ソーシャルディスタンスとは、感染を防止するための「物理的な距離」ではなく、「隣人が感染しているだろう」という「不信の距離」である。

そこで改めて「信用」について考えたい。

今日「科学的」と言われる考え方の基礎は、17世紀にヨーロッパで生まれた近代合理主義である。それまで支配的だった天動説をガリレオ・ガリレイが地動説へと転換。哲学者、ルネ・デカルトによって主観を排除し、客観性、普遍性によって現象を説明する近代合理主義が生まれた。現在の科学は、この近代合理主義に基づいている。

ヨーロッパの人口の3分の1を死に追いやったペスト、不治の病とされていた結核など、近代科学によって人類は疫病を駆逐した。

議会制民主主義も、新自由主義という経済政策も合理性を追求して生み出されたシステムだ。皆さんが会社で頭を悩ます目標成果シートが人柄や態度より、客観的な「数字」にウエイトが置かれているのも、近代合理主義によるものである。

科学的手法は社会の構成にも深く浸透しているということだ。

その上で「信用」のメカニズムが科学で解明されていれば、効率的に信頼関係を築く方法が確立されているはずだ。そうなれば家族、恋愛、上司と部下などあらゆる関係の破綻は限りなく少なくなっているだろう。もちろん、そんなことは実現不可能だ。

すなわち「信用」とは、近代合理主義では解明しきれない、抽象的で模糊としたものということになる。

コロナ禍によって起こった「信用の強制的な喪失」が経済や生活、人間心理にこれほどまでダメージを与えることなど、多くの人は想像さえしなかったのではないか。

「コロナ禍の問題」については感染者数や死者数、あるいは経済損失などが議論の中心だ。

しかしその実態は、人類が400年近くかけて積み上げた近代合理主義を支える「底」を破壊しているとしか思えない。

だが、少なくとも私だけは「不信」に動揺することがない自信がある。科学的に間違いだったとしても「親が言ったら白も黒」。言葉の指導によって成長させるのではなく、ミスには暴力。高級自動車を所有しようものなら、「貸してくれ」と言われてそのまま返さない――暴力団社会とは、非合理性が支配し、不条理が充満する前近代の独裁社会だ。

暴力団員だった私はコロナがもたらす最悪のケースの社会を先行体験していたということになる。それゆえ現在の社会をかなり正確に見通している。

不信の連鎖を止めるために大量のマネーが生み出された

２０２０年、新型コロナウイルスの感染爆発に対して各国は人の移動や、人との接触を制限した。治療方法もわからない未知のウイルスに、公衆衛生的な予防法でしか対抗できなかったからだ。

こうして「不信の距離」が経済を直撃した。

日本の成長が戦後最悪を記録したことは前述したが、２０２１年１月にアメリカ商務省が発表した２０２０年のアメリカの経済成長率マイナス３・５％は、１９４６年以来のマイナス幅だ。２０２１年１月には世界銀行が、２０２０年の世界経済成長率がマイナス４・３％になる見通しを発表した。

２０２０年中に経済状況が劣悪化する中、先進各国の財務大臣たちが優先したのはマネーの流れを止めないということだった。

そう考えた動機は２００８年のリーマン・ショックにある。

リーマン・ショックはサブプライムローン問題から始まるが、「サブプライム」とは年収２万５０００ドル（約２７０万円）以下の層を指す。アメリカにはサブプライム向けの住宅ローンがあったが、このローンのおかげで、90年代中盤からアメリカで住宅ブームが起こる。１９９４年には64％程度だった住宅所有率は、２００４年に69・２％にまで跳ね上がった。

サブプライムローンを使えば、年収１２０万円程度の不法移民でも約８２００万円の住宅を購入することができる。「てこ」を意味する「レバレッジ」取引は、担保の何倍もの金額を取引するハイリスクな方法だ。サブプライムでは家を担保に発行される債券に、実に最大１００倍ものレバレッジがかけられ82億円もの額となって運用されるといった、信じがたいことが横行した。

サブプライムローンの債券のように額面だけが巨大に膨れたペーパーマネーはオフショア市場などに投下され、次の金融機関へと移転し、さらに別のオフショア市場に投下され、額面だけを膨張させていったのだ。

しかし、２００６年ごろから額面だけが膨張したペーパーマネーの原資であるサブプライムローンが延滞し、不良債権化が起こった。「債券」は立派な資産で、「債券」を元手にマネタイズすることができる。貪欲《どんよく》な銀行は国際金融を舞台に「ババ抜き」、すなわち不良債権化リスクの高い債券でマネタイズを続け、２００７年、それに耐えきれなくなったフランスのＢＮＰパリバ傘下の金融機関が、投資家の解約を凍結した。

こうしてＢＮＰパリバ・ショックが発生し、この影響で翌２００８年には、リーマン・ブラザーズが経営破綻する。リーマン・ブラザーズの負債総額は実に約６０００億ドル（約64兆円！）となり、リーマン日本法人の清算完了は２０１９年までかかった。

この結果、「マネー」に対する信用不信が起こり、世界中の金融の流れが停止に近い状態に追い込まれた。

リーマン・ショックでわかったのは、金融の停滞が実体経済に影響を与えるまでタイムラグがあることだった。コロナ禍は実体経済に直接的なダメージを与えたが、この影響が金融を停止させ、実体経済に悪影響を与えるという破滅的なスパイラルに陥るリスクがあった。そこで基軸通貨であるドルを中心に、ドルと強く結び付くユーロ、ポンド、円などの主要通貨が刷りまくられたということだ。

出血する部位がわからなくても生命を維持するために、大量の輸血を強制的に行ったと譬えればわかりやすいだろうか。

実体経済は「不信の距離」で停滞している中で、ひたすらマネーが増え続けた。「使い道」という出口を失ったマネーは、マネーがマネーを生み出す投資市場や、博打のような投機市場になだれ込んだ。その結果として投資市場、投機市場は連日のように高値へと向かった。わかりやすい市場が株式市場と暗号資産市場だ。

「はじめに」でも書いたように、マネーの価値を支えているのは「信用」だ。マネーを大量に供給するということは「信用の強制膨張」である。その強制膨張が、金融商品への信用の膨張を生んだ。

信用膨張が「カルト」を生んだ

マネーと金融商品で信用が拡大再生産された結果、その片隅でカルトが生まれた。

そこで80年代バブルについて考えてみたい。当時は、不動産、株式市場が暴騰し、マネーへの信用が膨張した。深夜番組で1万円を使う感覚を問われた女子高生が「1000円くらい」と、笑いながら答えていた時代で、精神性の欠落が問題視されていた。

マネーへの信用が急速に膨張する中で、精神性への不信が拡大したということだ。その反動として、新興宗教やオカルトがブームとなった。

その結果生まれたのが「オウム真理教」だ。

80年代バブルではまず「不動産投資」に対する信用が膨張した。1986〜1988年の3年間で、東京圏の住宅用地価変動率が3・0％↓21・5％↓68・6％と推移。大阪圏では1年遅れの87年から暴騰が始まり、3・4％↓18・6％となる。

不動産売買の現場はその少し前に活性化していて新築マンションの購入権は抽選になるほどで、完成するまでにすでに値段が1・5〜2倍になっていた。最終的には、山手線内の土地でアメリカ全土が買えるほど地価は暴騰。株式市場も高値を付け続けた。株式相場もそれに伴って上昇する。

この時は「マネーの膨張が永遠に続く」というカルトに支配された者が多くいた。その幻想も、1989年12月29日の大納会で日経平均が史上最高値3万8957円44銭を付けるまでだった。明けた1990年1月4日の大発会の日経平均は8000円以上下げた3万1６5円52銭から始まる。同年4月2日の日経平均は2万8002円07銭まで暴落した。

バブル時代のマネー・カルトの信者の一人だった私は巨額の負債を抱え、返済のためにヤクザになった。

そのカルトの裏側で噴出したのが総額2000億円もの被害額とされている豊田商事事件である。被害者は豊田商事と金のインゴット（金地金）を買う契約を結ぶものの、豊田商事からは「純金ファミリー契約証券」というペーパーのみが渡された。勧誘時などに豊田商事側が見せるインゴットの山はすべて架空で、実体のない紙切れにカネを支払っていたということだ。

ここで考えなければならないのは、現実のマネーと豊田商事のペーパーの差だ。結論から言えば、両者に本質的な「差」はない。

国家が発行するマネーは、国家が保有する金との交換券だった。1944年のブレトン・ウッズ協定でドルが基軸通貨となり「金1オンス＝35ドル」と定められた。ところが71年8月15日、当時のアメリカ大統領リチャード・ニクソンが金とドルの兌換の停止を宣言する。

このニクソン・ショック以降、「マネーの価値」を支えているのは「金」という現物ではなく「信用」だけになった。豊田商事もアメリカレベルの信用を与えることができていれば、問題にもならなかったということだ。

マネーを発行するということは「信用を膨らませている」ということになる。コロナ禍による経済停止への対応としてアメリカを中心とした各国が行った未曽有の信用膨張＝金融緩和＝マネー発行が、２０２０年代のウラとオモテの世界両方に新たな「カルト」を生み出しているのだ。

次章から具体例を使って解説する。

第2章　資産形成の「奴隷」

マネーへの「信用」が膨張した

近代の経済活動は金融と実体経済が連動して行われている。コロナ禍において実体経済の活動が制限されたが、経済活動そのものを停止させないため、救急救命措置的に世界中でマネーが大量供給された。

このプロセスを整理しよう。

２０２０年１月から新型コロナウイルスが世界中に感染拡大した。アメリカの好景気を支えていた大きな要素の一つが消費であるが、移動制限によって消費は冷え、投資家たちが一斉に株式市場からマネーを引き揚げた。同年２月27日にダウ平均は１１９０ドルという当時としては過去最大の下落を記録し、28日にはさらに３５７ドル下げる。

２月最終の１週間でダウ平均株価は３５８３ドルの下落を記録し、値下げ率は12％を超えた。

リーマン・ショックという悪夢の再来に強烈な対策を打ち出したのが、ＦＲＢ（連邦準備制度理事会）だ。アメリカの中央銀行制度ＦＲＳ（連邦準備制度）の最高意思決定機関がＦＲＢである。

２０２０年３月３日にＦＲＢは０・５ポイントの利下げを実行した。そのわずか12日後の同年３月15日には、さらに１・０ポイントの利下げを決定し、

「今後数ヵ月にわたって、国債保有額を少なくとも５０００億ドル、住宅ローン担保証券を少なくとも２０００億ドル増やす」

という声明を出した。すなわち、実質的なゼロ金利政策と５０００億ドルのマネー発行を決定したのだ。

各国の中央銀行は金利によって通貨の流通量をコントロールしている。金利が上がれば金融機関にマネーが集まり、社会からマネーが減りインフレになる。「ゼロ金利」とはマネーの流動性を極限まで高める、中央銀行が行うデフレ政策である。

またマネーは国債の逆側で発行される。国債が発行されればマネーも増えるという構図だ。各国が保有しているマネーの全体の量は「マネーサプライ」あるいは「マネーストック」と呼ばれ、ＦＲＢは「マネーの定義」によって「Ｍ１」と「Ｍ２」の２種類のマネーサプライ（マネーストック）を発表している。「Ｍ１」とは現金通貨と預金通貨の合計で、「Ｍ２」はＭ１に定期預金などの「準通貨」を加えた額になる。

ＦＲＢによる２０２０年３月の二つの決定によってアメリカの政策金利とマネーサプライ

（マネーストック）は43ページの図のようになった。M1、M2の意味がわからなくても2020年3月以前と比較すると、その金融政策の衝撃力は視覚で理解できるだろう。

リーマン・ショックの時に最大の問題となったのはドル不足だった。新興国は自国通貨の価値を、保有している「ドル」によって担保する「ドルペッグ」としていることも多い。また石油、穀物など実体経済に必要な戦略物資や武器などは原則として「ドル」でしか決済できない。

ショックの時に不足するのが「ドル」だ。

リーマン・ショックが発生した2008年9月、FRBはECB（欧州中央銀行）、日本銀行、BOC（カナダ銀行）、BOE（イングランド銀行）、SNB（スイス国民銀行）の5つの中央銀行とドル資金を供給する「スワップ・ライン協定」を締結。ドル不足が起きない構造をとっている。

この時はそれでもドルが不足した。そこでコロナ禍では、2020年3月19日にFRBは、従来の供給構造に加えてオーストラリア、ブラジル、韓国、メキシコ、シンガポール、スウェーデンの中央銀行と各600億ドル、デンマーク、ノルウェー、ニュージーランドの中央銀行と各300億ドルのスワップ協定を緊急に締結した。

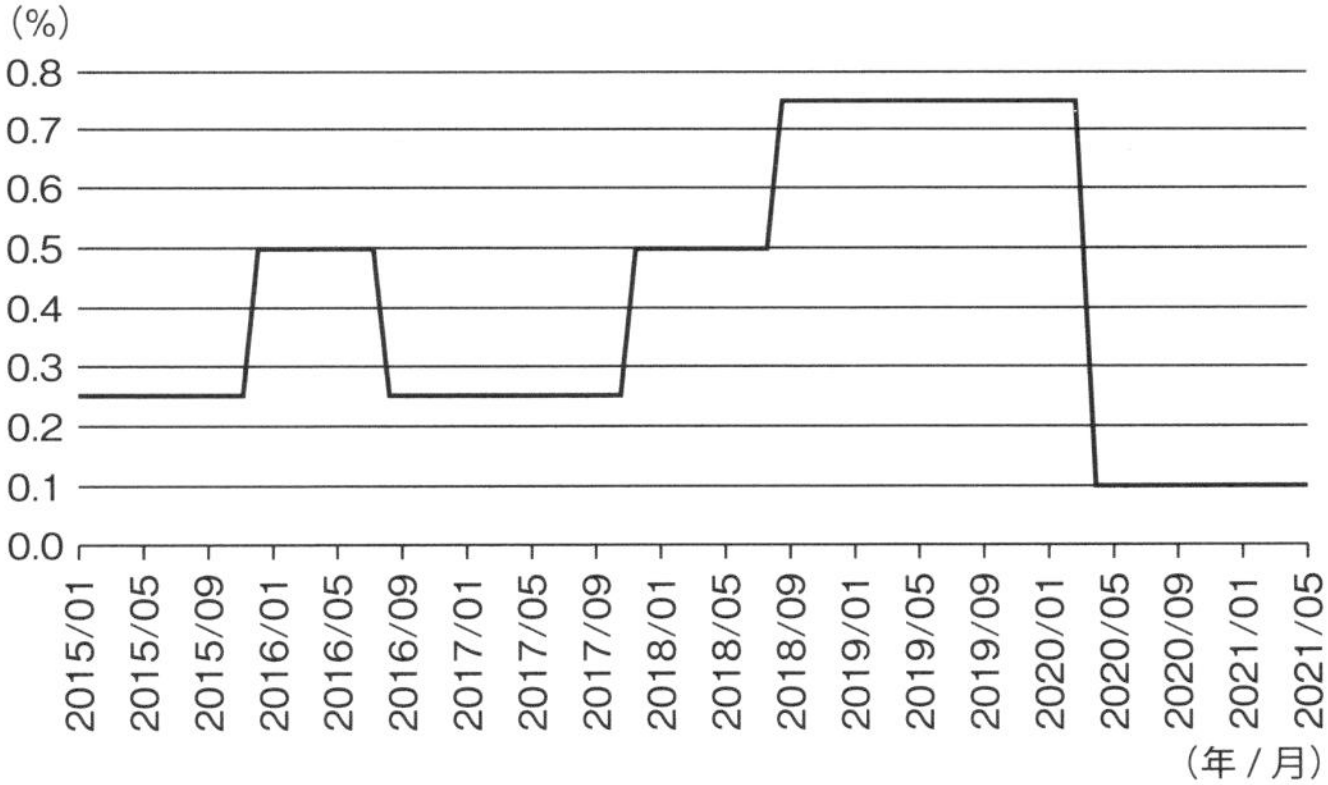

アメリカの政策金利

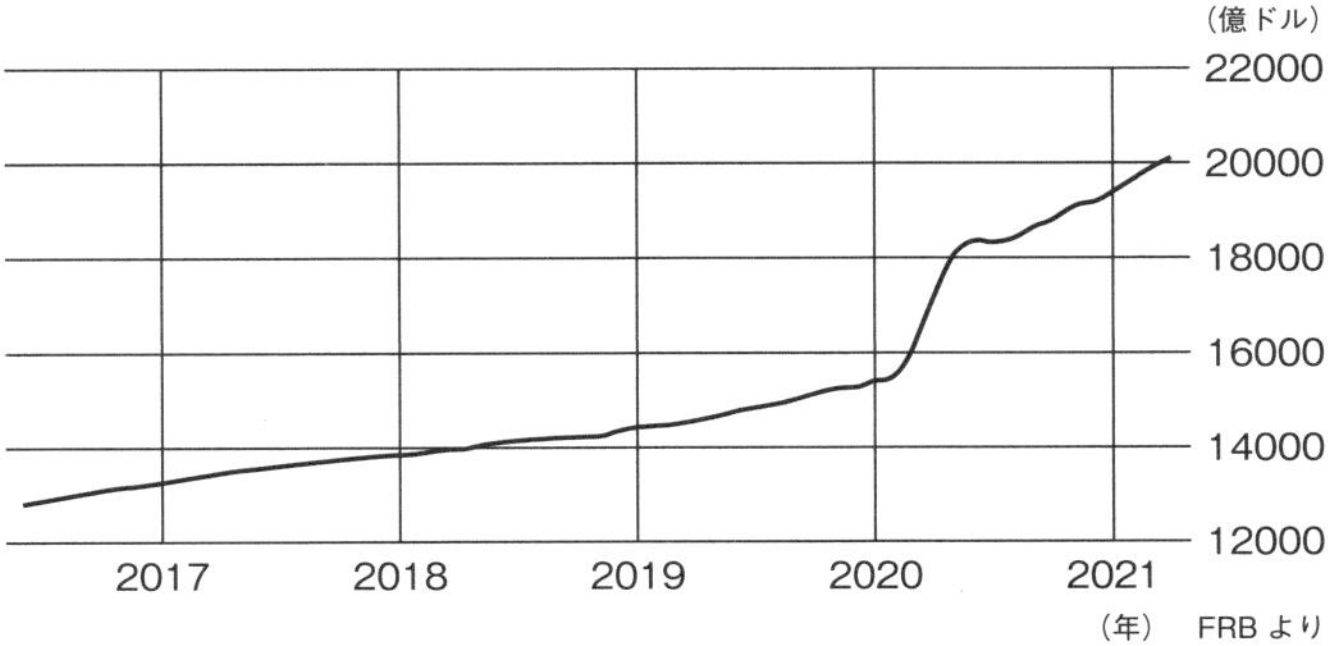

アメリカのマネーサプライ（M2）

FRBの動きにアメリカ、イギリス、ドイツ、フランス、日本、イタリア、カナダの主要先進国「G7」も連動した。2020年3月24日、G7の財務大臣・中央銀行総裁が、「G7各国の中央銀行は、それぞれのマンデートと整合的に、経済及び金融の安定性を支えるための金融政策上の措置の包括的パッケージを導入するため、異例の行動をとっている。我々は、G7及び他国の中央銀行の間のスワップ・ラインを含め、流動性及び金融システムの全般的な市場機能を向上させるための行動をとっている」

という声明を出して、連動をオフィシャルにした。

こうして世界中にマネーだけがふんだんに供給されたということだ。ところがマネーの出口である実体経済は停滞したままだった。出口をなくしたマネーは株式市場に流れ込み、その結果が45ページの図「日経平均とダウ平均」にあるような曲線である。

前著『ダークサイド投資術　元経済ヤクザが明かす「アフター・コロナ」を生き抜く黒いマネーの流儀』で私は、コロナ禍での投資判断を「わからない」としている。執筆時には金融の流動化を受けて「異例の行動」がとられていた。だがその段階では停滞した実体経済に金融経済が引きずられるのかどうかが不透明だったからだ。

読者の皆さんへの責任を負っている私は、今回のコロナ禍相場で個人的に株式のトレード

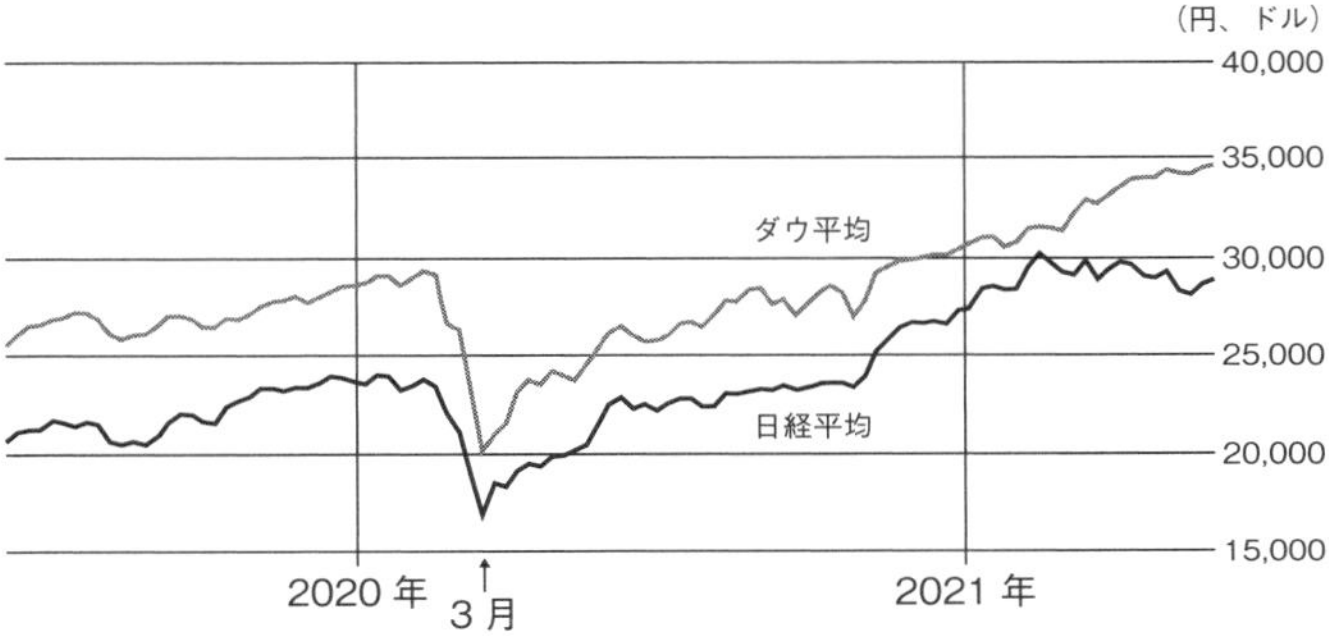

日経平均とダウ平均

（売買）を行っていないことは断言したい。というより、私には行う必要性がないからだ。その理由については後述する。

結果として、前著発売直後の２０２０年６月ごろから、株価は大きく上昇することになった。

熱狂的な「ＦＩＲＥムーブメント」

その後から今日に至るまで「投資熱」は高まるばかりだ。行きつけの美容師さんなど、これまで「投資」や「投機」に縁のなかった人まで「株式相場への参入」「暗号資産相場への参入」の相談を、私に持ちかけてくるほどだ。

市井では「投資」をテーマにしたセミナーは大盛況となっている。ゼロ金利時代ということで「銀行に預けるよりは……」という心理が働き、中長期的な「資産形成」の手段として「投資」を選ぶことにはおおいに賛成したい。

ただ投資状況が甘美に見えるあまりに、投資のシビアな現実を忘れている人は多い。欲に取り憑かれた人の心は脆《もろ》いものだ。コロナ禍でメディアに登場する「投資の成功者」たちは、自らの「富」を喧伝《けんでん》する。このことで「投資は楽して儲かる」という錯覚を起こしていないかは、常に自問されなければならないと私は考えている。

市場の人気や雰囲気からみた相場の状態を「地合《じあ》い」と呼ぶが、「投資」には、どんな上昇トレンドの地合いでも常にリスクが伴う。その現実を見誤れば「無駄な投資」どころか「莫大な損失」に転落するからだ。

例えば、日経平均が上昇に向かっていた2021年3月24日、アメリカのヘッジファンド「アルケゴス・キャピタル・マネジメント」が債務不履行に陥った。この影響でクレディ・スイスは47億ドル（約5154億円）の損失を出す。野村ホールディングスは約30億ドル（約3200億円）の損失を発表。三菱UFJ証券ホールディングスが約2・7億ドル（約290億円）、みずほフィナンシャルグループは100億円程度の損失が生じたとされる。

クレディ・スイスや野村證券は突出して高い損失を出したものの、「アルケゴス問題」自体の影響は金融全体から見れば小さい。ただし、今後発生するであろうこうした小さなショックが、どこに連鎖して大きなショックになるのかは予測できない。

加えて重要なのは「一夜にしてこれだけの損失を生み出す」という点である。それは「一夜にして巨大な利益を生む」ということの裏返しだ。

ＳＮＳ上には、コロナ禍バブルで大儲けをした人たちの真偽不明の自慢話が溢れている。所得が低い上に、消費税も上がる、少子高齢化で老人を支えなければならないなど暗い未来をイメージしがちな若年層は「投資は楽して儲かる」という錯覚に陥るのではないか。

そうした心理の噴出といえるのが、２０００年以降に成人を迎えた「ミレニアル世代」を中心に起こっている「ＦＩＲＥムーブメント」だ。「ＦＩＲＥ」は、「Financial Independence（金融的自立）Retire Early（早期リタイア）」の頭文字を繋げた造語で、

「20〜30代の人が、投資を行うことで、40〜50代でセミリタイアできるようにしよう！」

という考え方だ。

アメリカで生まれ、ヨーロッパを経由して日本へと飛び火した。世界中で関連本が売れ、セミナーにも多くの若者が集まっている。

「ＦＩＲＥ」が「炎」を連想させる。セミナーに集まる若者たちが、右手を突き上げ「ファイヤー！」と叫ぶ姿は、もはやカルトやネズミ講の集団にしか見えない。

ただしカルトやネズミ講と違うのは、きちんとした学術的根拠がある点だ。

ＦＩＲＥ実現のための論理的根拠は、１９９８年にアメリカのトリニティ大学の研究グループが「ＡＡＩＩジャーナル」誌に発表した「トリニティ・スタディ」である。

当たり前だが、投資における利益は原資が生み出す。研究グループは過去の投資実績を解析して、「おカネを使っても原資が目減りしない量」を見つけ出した。それは、以下のようにまとめることができる（ただし、株式市場の成長率やインフレ率によって変動する）。

①アメリカ株式のインデックスファンド「Ｓ＆Ｐ５００」と米債券（長期高格付け社債）を50：50の比率で保有する。

②この保有資産のうち年間４％を引き出しても、30年間、資産元金が残る確率は１００％である（「４％ルール」と呼ばれている）。

インデックスファンドとは、さまざまな平均株価指数連動型のファンド（投資信託）だ。平均株価指数とは日経平均株価やダウ平均、ナスダック総合指数といったある一定数の銘柄の平均値などのことで、指数が上がれば儲かり、下がれば損をする。単一銘柄はハイリスク・ハイリターンになる傾向が強いが、一定数の株の平均値はローリスク・ローリターンとなる傾向が強い。

「S&P500」の「S&P」は、アメリカの格付け会社「S&P ダウ・ジョーンズ・インデックス」のことだ。歴史と信用のある格付け会社が、アメリカの上場企業から代表的な500社を選んで算出した株価指数ということでリスクが低く、平均的な年利回りは6・78%となっている。

もちろん税金や、貨幣の価値が変動する「インフレ率」などは住んでいる国や地域によって違う。日本で投資をする場合は円だ。「S&P」はドルベースということで円高・円安などの為替リスクもある。そこで「S&P500と日経平均など他のインデックスファンドと混ぜる」、「株式：米債券＝75：25の比率にする」、「4%ルール」ではなく「3・5%ルール」とするなど何種類かの派生がある。

とはいえ「若いうちからローリスクで資産形成を行い、早く仕事から解放されよう」というコンセプトは変わらない。

こう聞くと、特に低所得に悩まされている若い人には「働かずに一生を終える夢の資産形成プラン」のように見えるだろう。だが、本当にそうだろうか。そこで、現実をシミュレーションして検証してみたい。

資産形成の「奴隷」

総務省の「家計調査報告〔家計収支編〕　2020年平均結果の概要」によれば、2人以上世帯の2020年の月平均消費額は、27万7926円。年間に消費する金額は約330万円ということになる。

ここでは、わかりやすくするために「平均的な生活を行うためには、年300万円を消費する」ということにする。

「4％ルール」に従えば、300万円を引き出すためには元金として7500万円（＝300万円÷0・04）が必要ということになる。S&P500と米債券で年利回り10％を実現したとして、理論上では月10万円を積み立てれば20年間で約7500万円の資産を積み上げることができる。

20歳からはじめれば40歳、30歳なら50歳でセミリタイアをして、夢の投資生活が実現できることになるが、ここでもう一つの現実を考えてみたい。

2017年に国税庁長官官房企画課が発表した、2016年の「民間給与実態統計調査」によれば、20～24歳の平均給与は275万円、25～29歳で383万円となり、20代の平均給与は３２９万円となる。30～34歳が４５７万円、35～39歳で５１２万円、30代の平均給与は４８４万円となる。

サラリーマンで年収３２９万円の場合、住民税、所得税、社会保険料などを引いた手取りは２６２万円で月約21万円。年収４８４万円なら３７９万円で月約31万円となる。ここから10万円を資産形成に充てるということは、家賃を削り、遊興費を一切使わないということだ。20代・30代からカップラーメンを食べて狭いアパートで20年も生活した結果が、たった年収３００万円だ。さらに20年もその暮らしを続け、60代から原資を切り崩して生きたとしてどこに豊かな人生があるのだろう。

「歳をとれば年収も増える」

という反論は成り立つが、再反論をしたい。

20代～30代という時間は社会人として成熟するために、人との繋がりをますます広げる大切な季節だ。「人間関係を広げる」というのはＳＮＳで「名前だけの知り合い」を増やすことではない。将来にステップするためのキャリアや、それに伴うマネーなどを自分に運んでくれる人を探すということだ。

その意味で若い時代にしかできない「投資」である。そうした「投資」をおろそかにして、歳をとるとともに年収が順調に増えた人を私は知らない。

例えばフェラーリのオーナーの会が各地で催されるが、集まるのは富裕層だ。おカネはおカネを持っている人の周りにしか集まらない。つまりチャンスは富裕層の周りにあるということだ。オーナーの会に出席することは、人生の先輩である富裕層とコネクションを築く最良のチャンスと言い換えることができる。

「車」の中でも「フェラーリ」という趣味を「投資」にすることができるということだ。

この「フェラーリ」の例のように美術展に行くこと、よいレストランに行くことなど、すべて「投資」である。こうした投資を「ゼロ」にして、ただ資産を形成することが「投資」といえるだろうか。日常から「華やかさ」「楽しみ」をなくして労働をするだけの日常は独り砂漠を彷徨《さまよ》うがごとくだ。恋人どころか、友人も作れないだろう。こういう生活ができるのはストイックというよりは、「変わった人」だ。

住宅ローンのためだけに働く人は「債務奴隷」と揶揄《やゆ》される。私には「FIRE」に取り憑かれた人が「資産形成奴隷」にしか見えない。

ミクロの話だけではなく、マクロの話でも問題はある。

収入の大部分を「貯蓄」に回すということは、消費をしないということだ。「消費しない人」が増えればGDPは下がり、結果、消費しない人の給与は下がるだろう。そうなればますます消費をしなくなるという負のスパイラルを生み出すだけだ。当たり前だが、生活費の緊縮には限界がある。

それでも「FIREの成功者」を自称する人はいる。

そうした「FIRE成功」を謳《うた》う人には「信者」が集まり、彼らが「セミナー受講料」という「お布施」をせっせと納めている。成功者の収入は「投資のリターン」ではなく「お布施」の可能性が高い。

私が現役のヤクザなら、「成功者」を表看板にしてせっせと儲けるだろう。その構図はバブル期の「豊田商事」によるペーパー商法や、ネズミ講のそれと何ら変わらない。

そもそも「FIRE」の「FI」(Financial Independence)、「金融的自立」という行為自体は、「投資」の目的として正しい欲求で、これまでも追求されてきた目的だ。そこに「RE」(Retire Early)、「早期リタイア」という価値が付いたことが、新たなムーブメントとなった。

すなわち、「FIREムーブメント」に向かう心理の正体は「資産形成」という「投資心理」ではない。「早く労働から逃れたい」という「逃避心理」だということになる。労働から逃れたい一心で、逆に成功者の「養分」と化しているのが現実だ。

かつて私がいた「暴力とマネー」の世界は徹底したリアリズムに支配されていた。熱に浮かされる前に、まず求められるのは「成果」だ。失敗者には有無を言わさず「暴力」が行使されることになる。その世界に生きてきた私には、日本の「ＦＩＲＥムーブメント」は、欧米に追従することだけが最先端を行くことだとはき違えた人たちによる、哀れにも滑稽な「高い意識の空回り」としか思えない。

「ＦＩＲＥムーブメント」はコロナ禍という不透明な状況が生んだ、マネーの情報弱者を蝕《むしば》む「マネー・カルト」の一つだと私は考えている。

「豊かさ」とは一体なにか

「投資」ブームに乗って「資産形成の奴隷」に転落する愚行を働いているのは、ＦＩＲＥムーブメントに沸く若年層たちばかりではない。

熟年層の「資産形成熱」にも通底していると私は考えている。

そうした「資産形成の奴隷」に陥る前に考えて欲しいのは、「投資」の「本質的な目的」だ。投資は、将来の豊かな生活のために行うものだ。「金融的自立」は過程であって到達点ではない。

本来の目的とプロセスの「はき違え」を起こさないための重要なポイントは、「自分にとっての豊かさとは何か」ということをきちんと整理するということではないか。

いうまでもなく「マネー」はそのままであれば、古いヤクザの家の玄関先に置いてある猛獣類の剝製《はくせい》のごとき「置物」に過ぎない。おカネは使ってはじめて「豊かさ」を生み出すツールだ。例えばよいレストランで食事をとり、よいベッドで眠り、よい音楽を聴くといったように、「豊かさ」の一つとは「上質なサービス」を得ることである。病気になった時、よりよい病院に通うのも「上質なサービス」の一つだ。「上質なサービス」には、相応の対価が必要となる。

はたして「玄関先の巨大剝製」が、皆さんに何かの「豊かさ」を提供してくれるだろうか。訪れたお客さんが一瞬驚く程度の効果がせいぜいといったところだろう。

すなわち投資や投機で「マネーの量を増やす」ということは、ただ「剝製を成長させている」に過ぎないということだ。「いや、将来豊かさを得るためですよ」という反論はあるだろう。そこで、「未来」という時間軸を考えたい。

例えば、「核兵器」という社会そのものを滅亡させるほどの暴力を大国が保有する現在、大規模な世界大戦が起こって通貨そのものが暴落する可能性は低い。ただし個人個人の「未来」を考えれば、ガンなどの重篤な健康被害を抱える可能性は決して低くない。もし未来が確定しているのであれば、「投資」に「リスク」はないことになる。

もちろんそんなことはありえない。どこまで安定していても未来とはかくも不確定なものなのだ。その「不確定な未来」で「豊かさ」を得るということは非現実的だ。非現実的なことの実現のために「現在の豊かさ」をすべて切り捨てることは、まったくの「はき違え」といえるだろう。

すなわち健全な投資というのは、現在の豊かさを損なうことなく、将来にわたって豊かさを持続できるということが前提となる。もっといえば、そうしたことができる生活環境を作ることが、「投資の第一歩」ということだ。

王道の投資とは資金量、すなわち「ボリューム」の一言に尽きる。たとえ運用益が年間1%しかなくても100億円あれば1億円を得ることができるのだ。このように「投資」の本質は極めてシンプルで、「原資」のボリュームを増やすことである。一般の人であれば、可処分所得を増加させるということに過ぎない。

重要なのは「月10万円を投資する」ことではなく、「月10万円投資しても平気な生活を作る」ということだ。

そこで現実を見てみよう。

57ページに、金融広報中央委員会の「家計の金融行動に関する世論調査」（２０２０年）を基に作成した「金融資産保有額の世代別比率（%）」を掲載した。金融資産とは、現金・預貯金、株式、債券、投資信託、掛け捨てを除く生命保険、商品券や小切手など、現金化できる資産のことを指す。１０００万円以上の保有者比率が考えているより多いことに驚くかもしれないが、この表は「借入額」を抜きにしたものだ。当然、ある年代までは住宅や自動車などのローン、各種保険さらに教育費などを支払っている。

　年収に応じて生活レベルを高くすることが通常なのだから、高額年収者の生活維持費もそれなりに高額ということも忘れてはならな

金融資産保有額の世代別比率（%）

		1000〜1500万円未満	1500〜2000万円未満	2000〜3000万円未満	3000万円以上	合計
2人以上世帯	20歳代	4.8	0.0	0.0	0.0	4.8
	30歳代	11.3	7.1	2.8	0.9	22.1
	40歳代	14.7	8.5	5.9	8.8	37.9
	50歳代	13.5	6.6	12.5	15.9	48.5
	60歳代	9.2	7.7	16.3	24.0	57.2
	70歳以上	14.6	9.8	12.8	23.4	60.6
1人世帯	20歳代	1.6	0.8	0.5	0.0	2.9
	30歳代	6.3	2.3	3.0	1.7	13.3
	40歳代	8.5	5.6	3.9	8.8	26.8
	50歳代	9.0	5.2	7.3	12.9	34.4
	60歳代	10.2	6.3	9.5	19.5	45.5

金融広報中央委員会「家計の金融行動に関する世論調査」（2020年）を基に作成

い。

こう考えれば、ある程度のボリュームを投資に回すことができるのは、子育てや住宅ローンなどが一旦終わった富裕層だけということになる。この「富裕層」を目指すもっともオーソドックスな方法は、一流大学を出て、高い収入を得ることのできる一流企業に勤めたり公務員になったりすること。そうして莫大なストレスと向き合いながら、出世のために働きサラリーマン人生を全うすることに行き着く。

――すなわち「投資は楽にカネを得ることができる」という考え方自体が間違いなのだ。「王道の投資」を成立させるためには、「苦労」や「努力」といった泥臭い土台がなければならない。

そもそも「働かない」ことが「豊かである」という点こそが大きなはき違えだと私は考えている。

なぜなら「労働」とは「社会との接点」だからだ。

私の周りにも多くの富裕層がいるが、働かないことを美徳としている富裕層を私は知らない。メディアに登場して派手な生活をアピールする富裕層は働いていないのではない。寝る時間どころか、普通の人が休みを謳歌《おうか》する盆暮れ正月にゴールデンウィークまで率先して働いているのが現実だ。

オモテの社会ばかりではなく、地下社会も同様だ。

暴力団は働かずに儲けていると誤解している人も多いと思う。確かに学校の学習活動からドロップアウトして暴力団社会に行き着く者は多い。だが学習意欲と労働意欲は別だ。暴力団社会は99％以上の無能と、ごく少数の才覚のある者によって構成されている。才覚のある人たちの労働量は、一般の富裕層のそれと変わらない。無能のまま暴力団社会を生きてきた人たちの末路が極貧であることも一般社会と変わらない。もちろん合法か非合法かの問題は別としてだが……。

働かないことが美徳であるという考え方は、暴力団社会の最下層の住人の価値観と同じということだ。

高齢な人たちが孫の面倒を積極的にみたり、再就職を求めたりするのも「おカネが欲しい」ではなく、「社会と関係していたい」という欲求が大きい。社会との接点を喪失することは「世捨て人」になることと同じで、その寂寥《せきりょう》感をあえて求めることは「豊かさ」とは真逆ではないか。

新型コロナウイルスにおいては「まん延防止」のための措置がとられている。だが、コロナ禍における資産形成については、本質を見失った「はき違え」のまん延防止のほうが、よほど重要だと私は考えているが――。

株式市場に登場した「義賊」

コロナ禍での投資市場活性化に沸いたのは投資大国アメリカも同様だ。2021年1月、そのアメリカの投資家が起こして話題となったのが「ゲームストップ株事件」である。ここにもコロナ禍特有の金融相場が生んだ「カルト」があった。

皆さんはアメリカのフィンテック企業・ロビンフッド社が提供するスマホ投資アプリ「ロビンフッド」をご存じだろうか。日本国内で利用できないので、おそらく知らない人が大半だろう。

日本で株取引を始めるには、まず証券会社に口座を開設しなければならない。本人確認はもちろん、投資適性などの審査もある。ところが「ロビンフッド」を利用する場合、アプリをダウンロードして基本情報を入力すれば、すぐに取引を始められる。取引手数料無料で、1ドルからでも株取引が可能だ。株取引のハードルを下げたことで、新しい個人投資家＝「ロビンフッダー」を大量に市場へ送り込んだ。

まさにゲーム感覚で株取引ができる点が、現在のミレニアル世代の心を摑み、アメリカの20代から30代を中心としたユーザーは1300万人を超えた。そうしてロビンフッダーは、株式市場で大きな影響を与えるようになる。

コロナ禍においては緊急事態宣言などによって企業の業績が明暗を分けた。日本でも飲食店は苦境に陥った。だが、ひたすら利潤を追求する株式市場には情など存在しない。ヘッジファンドはコロナ禍で経営難に陥った企業の銘柄をカラ売りして貪欲に利益を得ている。

リーマン・ショックの時にはヘッジファンドのカラ売りによって、ショックがより深刻化した。本来カラ売りはどこかから株を借りてきて行うが、リーマンの時に行われたのは株を借りることなくカラ売りをしかけるネイキッド・ショートセリングと呼ばれる手法だ。この時に問題となり、日米欧ではリーマン・ショック以降禁止となっていた。ところがアメリカだけは解禁していた。

そうしたヘッジファンドの一部が目を付けたのが、アメリカのゲーム販売会社「ゲームストップ」の株だった。ヘッジファンドがネイキッド・ショートセリングで「ゲームストップ」のカラ売りを行っていることを知ったロビンフッダーたちは、掲示板型SNS「レディット（reddit）」の個人投資家が集まるスレッド「ウォールストリート・ベッツ」で、

「悪辣《あくらつ》なヘッジファンドを打倒するためにゲームストップ株を買おう」

などと呼びかけたのだ。

株価の上昇に一気に飛びついて、瞬く間にいなくなってしまう短期の個人投資家は、作物を食い荒らして去って行く姿に似ていることから「イナゴ」と呼ばれる。スマホの普及によって、株取引とネットは親和性が高くなった。ＳＮＳの情報発信力を利用して「イナゴ」に飛びつかせ「イナゴ相場」を形成することは現在の株式市場ではよくあることだ。日本であればイナゴの多くは儲けを生むことなく、より大きな資本力のある機関投資家やヘッジファンドに焼き尽くされて「養分」となるのがパターンだ。

ところが米国産のイナゴは強力だった。

「ウォールストリート・ベッツ」での呼びかけによって、２０２０年末時点では18・84ドルしかなかった「ゲームストップ」の株価は２０２１年１月27日の時点で３４７・51ドルもの高値となった。たった１ヵ月で実に18・４倍もの高値を付けたのだ。

この結果、ヘッジファンドはそのカラ売りを支えることができなくなるほど、買いの注文が入った。ロビンフッダーに買い崩されたことでニューヨークの大手ヘッジファンド、メルビン・キャピタルが推定、45億ドル（約４７５９億円）の損失を出す。

ゲームストップ株のカラ売りで儲けを狙っていたヘッジファンドの損失は197億5000万ドル（約2兆円）に達したことが報じられている。

庶民、しかも若者がヘッジファンドを敗北させた――このジャイアントキリングをもっとも喜んだのは、参加者たちだった。投資家の間では、これまで養分に過ぎなかった「イナゴ」が、ついに大きなパワーを持つ時代に突入したことが議論になった。

そもそもロビンフッド社は、権威に対する反駁《はんばく》から創立された。きっかけになったのはリーマン・ショックだ。その後に訪れた不況によって就業機会を奪われた若者たちが、

“We are the 99%”

をスローガンにして“Occupy Wall Street”（ウォールストリートを占拠せよ）という抗議団体を結成、2011年9月17日からデモ活動を開始したのだ。

スローガンの「99％」は、その大きな「格差」を指している。

アメリカでは70年代末から上位1％の富裕層の保有資産が増加。2007年には、1％の富裕層がアメリカの総資産の34・6％、その下の19％が50・5％を保有していた。つまり上位20％が国内資産の約85％を保有している状態だった。

この運動に影響を受けたのが、ウラジミール・テネフとバイジュ・バットだ。二人は、収

入にかかわらず誰もが利用できる金融サービスを目指して、2013年にロビンフッド社を設立。2015年にアプリ「ロビンフッド」をローンチした。

その名前の由来は、言うまでもなくイギリスの伝説に登場する「ロビン・フッド」だ。国王の圧政から農民を救う英雄として描かれており、権力に立ち向かう社会的闘争のシンボル的存在である。

不況で苦しむ企業を食い物にしてウォール街で巨額な利益を上げるヘッジファンドを、「貧しい庶民の敵」と位置付けて戦い、打ち勝ったロビンフッダーは歓喜に沸いた。

だが「ロビンフッド社」の収益構造と素性を知れば、それがいかに「不毛な戦い」だったかを理解できる。

市場の民主化を目指した「収益の正体」

そもそもロビンフッド社の大株主に名前を連ねているのがヘッジファンドだ。また、ロビンフッドは、売上の半分近くをシタデルやツー・シグマなどの大手ＨＦＴ（high-frequency trading＝高速高頻度取引）ヘッジファンドへの情報提供で稼いでいる。

ＨＦＴとはミリ秒単位で株などの取引を行うことだ。人間のまばたきが約１００ミリ秒なのだから、まさに「一瞬」ということになる。たとえ一回の取引利益が銭単位になったとしても、終日ＨＦＴを続ければ莫大な利益となる。ミリ秒での取引には専用のアルゴリズム、高速演算できるコンピューター、超高速回線などが必要だ。ここに独自の情報源、銘柄選定や予測などを行うＡＩが連動して、巨大資本を背景に利益を上げている。

それが現在の最先端の投資の世界である。

利用者はロビンフッドを通じて、株売買の注文を出す。ロビンフッド社はそれの約定情報をＨＦＴヘッジファンドに販売し、ヘッジファンドはＨＦＴを駆使して個人に先回りして売買し、利益を上げていたということだ。

実は、これと類似したことが日本でも起きていた。２０１９年11月18日の日経新聞電子版が「覗かれる株注文データ　高速取引、個人に先回り」という記事で報じた一件だ。

問題とされたのはＳＢＩ証券。２０１９年10月から利用者が注文を出しても、狙っていた値段に先回りされ約定できないケースが増えたという。

ＳＢＩ証券に発注すると、最良価格を提示する市場を判定して自動執行される。この優先執行の仕組みは「ＳＯＲ」（スマート・オーダー・ルーティング）と呼ばれるが、ＳＢＩでは「ジャパンネクストＰＴＳ（私設取引システム）」を通じて、自身の「第一市場（J-Market）」→「第二市場（東証）」という順番で巡回して判定を行っていた。当時SBIのアプリでは、「SOR」がデフォルトとなっており、ほとんどの利用者がこのシステムに流れていたことになる。

ジャパンネクストPTSはSBIグループが約半数の株を所有する傘下会社だ。同年10月からSBI証券は、個人投資家の売買注文に基づいて、東証などジャパンネクストPTSの巡回先の市場に先回りして売買していた。そこで約定できなくなる利用者が出てきたということが報じられたのだ。

この先回り取引で使われたのもHFTである。倫理的な問題はあるものの、SBI証券のとった行動を規制する法律は存在しない。報道後、SBIはこの仕組みを自発的に止めている。

すでに「ゲームストップ株事件」の約1ヵ月前の2020年12月17日、SEC（米証券取引委員会）は、ロビンフッドが数年間にわたりウォール街の証券会社に顧客注文を売ることで得た収入を隠していたとして制裁金6500万ドル（約67億円）の支払いを命じたことを発表している。

ロビンフッダーたちは一部のヘッジファンドに損失を負わせたが、その裏側では大もうけをしたＨＦＴヘッジファンドがいたということになる。

はたしてこのことを自覚していたロビンフッダーが何人いたのか――「金融の民主化」を掲げてはじまったロビンフッドは、その裏側で金融の収益を寡占化しているＨＦＴヘッジファンドからのキックバックで儲けていたということだ。

物語の主人公「ロビン・フッド」は、何人かのエピソードから作られている。だが、そのいずれもが「義賊」どころか今日、日本で「反社」と呼ばれる血も涙もない無法者、ならず者の犯罪者であることはあまり知られていない。

一度の勝利に酔いしれたロビンフッダーたちだが、この先、自らが肥え太らせた「敵」の養分となるだろう。この「不毛」こそが「カルト」の構造だ。

次章では、暗号資産「ビットコイン」を皮切りに、コロナ禍におけるマネーのダークサイドカルトを解説しよう。

第3章

〝黒い〟コロナミクス

コロナ・マネーがビットコインに流入!

コロナ禍で経済そのものを停滞させないために、アメリカの中央銀行に相当するＦＲＢに連動する形でドルが供給された。そのことでマネーへの信用が急膨張したことはこれまでに書いた。実体経済の停滞によって行き場をなくしたマネーが行き着いた先は、株式市場を中心とする投資市場だけではない。

なだれ込んだ先の一つが投機市場。中でも顕著だったのが「ビットコイン」取引市場である。２０２０年から急速に「ビットコイン」のボラティリティ（価格変動の度合い）が高くなったことは、71ページの図「ビットコインの価格推移」を見れば理解できるだろう。

「ビットコイン」はフィンテック（金融テクノロジー）が生み出した最新のマネー「暗号資産」の一つで、もっとも知名度が高い。

いうまでもなく「ビットコイン取引」は極めて「投機性の高い取引」である。「投機」と表記すると、なにか正しいマネーの運用方法のように勘違いする人もいるだろう。

だが「投機」とは「ギャンブル」「博打」とまったく同じような意味だ。

「パチンコで儲けて優雅に暮らしている」

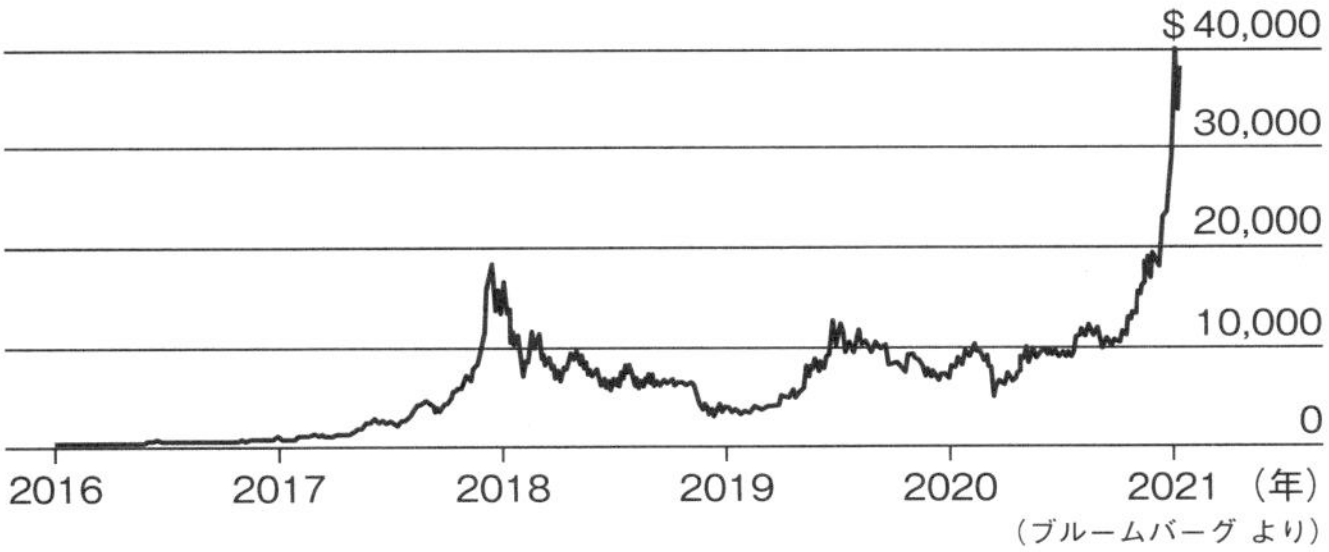

ビットコインの価格推移（ドルベース）

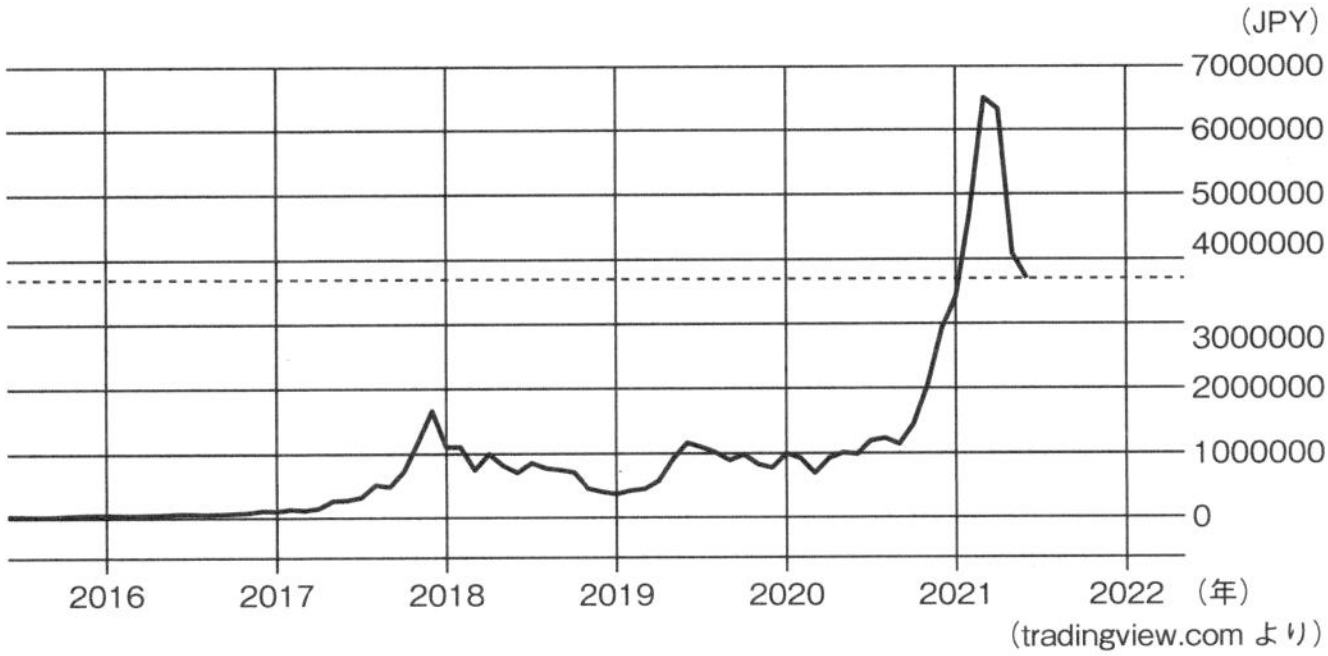

ビットコインの価格推移（円ベース）

という人の話には眉に唾をたっぷりぬる人がほとんどなのに対して、

「ビットコインで儲けて優雅に暮らしている」

と聞くと、意味は変わらないのに真剣に耳を傾ける人が多い。こうした「はき違え」が生まれる根底には、

「ビットコインが最新鋭の、驚異的な、貨幣に代わる資産だ」

という情報を信じ込む無知があると私は考えている。

特に2020年にはアメリカの電気自動車メーカーの雄「テスラ」のCEOで、民間企業でありながら有人宇宙飛行を成功させた「スペースX」のCEO、イーロン・マスク氏がビットコインの売買を行っている。

そのことも手伝って、「ビットコイン」への無知と誤解も膨張するばかりだ。

そこで「ビットコイン」を整理するところから始めたい。

「暗号資産」とはデジタル上でやりとりできる財産的価値のことだ。元になったのは「crypto」（クリプト＝暗号）と、「currency」（カレンシー＝通貨・貨幣）を合わせた「crypto currency」（クリプト・カレンシー）である。

日本ではカレンシーに「通貨」という訳語があてられ、「仮想通貨」として一人歩きした。

だが、ビットコインを「通貨」と称していることがそもそもの間違いだ。通貨には「価値の保存」「交換・決済手段」「価値の基準」という3つの機能が必要だが、ビットコインはボラティリティが高すぎてこの3条件を満たすことができない。

投機対象としてビットコインが魅力を持つのは値動きが激しいからだ。したがって朝100円だったコーヒーが夕方には1万円になっているようなハイパーインフレーションを起こしている国の通貨と同様、ビットコインには「価値の保存」能力が欠落している。ビットコインを実際に決済手段として使用できるインターネットサイトがあるにはあるが、極めて限定的だ。ボラティリティの高さから取り扱いをやめる代理店も増えていて、「交換・決済手段」としての普及は進まない。ボラティリティの高さは同時に「価値の基準」の設定を困難にしている。

2019年5月31日には改正資金決済法と改正金融商品取引法が参議院本会議において可決・成立し、「仮想通貨」は「暗号資産」という名称に定まった。「仮想通貨」という名称をいまだに使用するメディアは自ら読者に大きな誤解を与え、最終的には読者の損失を招いていることを自覚するべきであると私は考えている。

すべての暗号資産の土台になる技術が、「ブロックチェーン」だ。ブロックチェーンは

「分散型台帳」と訳される通り、複数の場所に同じ情報を保管するという仕組みである。詳細な技術的解説は割愛するが、暗号資産は一般のインターネット回線を使い、高い匿名性を維持しながら事実上改竄《かいざん》が不可能な、極めて高速な資金移動を可能にするのである。

このブロックチェーン技術開発には国際政治の問題が関係している。鍵になったのがロシアの存在だ。２０１４年のクリミア危機でロシアは金融制裁対象になり、これに伴ってロシアの銀行はビザやマスターカードなどのクレジットカードすら扱えなくなった。

アメリカを中心とした国際社会での金融戦争で苦汁を舐めているロシアは、アメリカの金融支配の中に入らない、新たな金融システムを模索した。そこで開発されたのが暗号資産の基本となるブロックチェーン技術である。同様の思惑を持った各国も追従した。当然のことだが、この動きにアメリカは敵対している。

ビットコインの正体

ブロックチェーン技術を土台にして暗号資産が完成した原動力となったのは、「金融」に対する「不信」が膨張したからだ。

２００８年10月、「サトシ・ナカモト」を名乗る人物がネット上で暗号資産の土台となる論文を公開。その1ヵ月前にリーマン・ブラザーズが破綻して、世界中で「リーマン・ショック」による金融不信が膨張し、既存の金融から「新たな金融」への要求が高まった。そうした動機を背景に、論文は匿名性と改竄不可能という二つの特性を持つ「ブロックチェーン技術」を応用して「ビットコイン」という暗号資産となって結実する。

そもそもネット上の「情報」に過ぎないビットコインが、なぜ価値を持つのだろうか。「暗号資産＝ビットコイン」と思い込んでいる人もいるかもしれないが、暗号資産は大きく2種類に分けることができる。一つが、決済システムとして、中央銀行や民間銀行などが開発している暗号資産。もう一つが「ビットコイン」などの投機性の高い暗号資産だ。

両者の決定的な差は「資産の担保」だ。

中央銀行や民間銀行の開発する決済システムとしての暗号資産は発行主体が明確で、国家が発行する自国通貨やドルなどの「強い資産」によって価値を担保している。

こうした暗号資産は通貨の3条件を満たしていて価格の変動幅が少なく「ステーブルコイン」と呼ばれている。

対して「ビットコイン」などの非ステーブルコインは、発行主体が何を担保にしているのかが明確ではない。そもそも論文の発表者である「サトシ・ナカモト」は日本名だが、その正体は2021年の現在でも明らかになっていないのだ。

デジタルの世界の中で生まれたビットコインなどの暗号資産は、過去の取引履歴のデータとの整合性を取りながら取引の承認・確認作業を行う。

この作業は採掘を意味する「マイニング」(mining)と呼ばれている。

2021年7月現在、日本では国家が価値を担保するステーブルコイン型の暗号資産はない。ということで「資金決済に関する法律」では「暗号資産」が、次の性質をもつものと定義されている。

①不特定の者に対して、代金の支払い等に使用でき、かつ、法定通貨(日本円や米国ドル等)と相互に交換できる

②電子的に記録され、移転できる

③法定通貨または法定通貨建ての資産(プリペイドカード等)ではない

法定通貨によって価値を担保されていないので「通貨」でも「準通貨」でもなく、「資産」ということだ。すなわち投機対象としての暗号資産は、出所不明で、発行主体もなく、裏付け資産もない。「富」を担保するものは存在せず、「価値があるかもしれない」という幻想が価格を高騰させてきたということである。

高額で取引される「ビットコイン」とは、実は「子供銀行券」となんら変わらない通貨もどきの「何か」ということになる。

ところがその「子供銀行券」はボラティリティを生む二つの要素を持っている。一つは交換所などを通じて現実の通貨「ドル」と交換することができる点だ。もう一つは、発行枚数上限が2100万枚と決まっている点である。

この特性によって、需要と供給のバランスが大きく崩れた時、ビットコインのボラティリティが大きくなるのである。

ビットコインの「投機性」をより明らかにするために、生誕間もないその歴史を振り返っていこう。

ショックのたびに甦るビットコイン

リーマン・ショックという強烈な金融不信の中で産声を上げたビットコインは、リーマン・ショックの余波の中で「暗躍」することになる。

リーマン・ショックの影響で2009年、ギリシャが債務超過に陥る「ギリシャ危機」が発生。ギリシャのマネーはGDPの4倍以上を国内銀行が預かる世界有数の金融立国、キプロスになだれ込んでいた。結果、ギリシャ危機の影響で、2013年にキプロスの金融機関が経営危機に陥った。リーマン、ギリシャに連鎖的に発生した「キプロス・ショック」に対して、EUが救済の条件として求めたのが、銀行の預金封鎖だ。

この時、預金者の一部が「ビットコイン」を使って、大量の資産を国外に避難させ封鎖による資産凍結から逃れた。

これまで国外に資金を移転させる方法のメインストリームは、ほぼすべての金融機関が備えている「SWIFT」(スイフト、国際銀行間金融通信協会)のシステムだった。金融は個人情報ということでSWIFTのデータは秘匿されていたが、2001年9月11日にアメリカ同時多発テロ事件が発生して状況が一変する。

計画立案から実行者の選定と訓練、武器購入、実行者の家族の保護に至るまでテロ実行には莫大なカネが必要だ。そこでテロ組織は麻薬取引など犯罪収益を資金源として、黒いマネタイズを行っていた。9・11の被害国であるアメリカは、「テロ抑止」のため黒いマネーの流れを把握することを目的に、SWIFTをこじ開けたのだ。

キプロス・ショックで周知されたのは、ビットコインを使えば、国際社会の監視下にあるSWIFT以外でも、国外への資金移転が簡単にできるということだった。

このスマートフォンを使った「掌《てのひら》の地下銀行」に暗黒街の住民が群がることになる。麻薬や売春、テロ資金などありとあらゆる世界中のアンダーグラウンドマネーが、ビットコインを使って資金を移転し始めたのだ。

ビットコインの持つ「資金移転」の性質をフル活用したのが中国人富裕層だ。

2015年夏、中国で株式バブルが崩壊し、それに伴い中国国内からの資金逃避が進んで、人民元が大きく売られる事態に陥った。危機感を覚えた中国の金融当局は為替に限度額を定める資本規制をかける。この結果、2016年ごろには、ビットコイン売買の9割が中国人で占められるようになった。

その影響でビットコインの価格が高騰。日本では、この時期にビットコインバブルによって「億」を儲けた人たちが、ツイッターなどでその成功談を自ら発信し、マスコミから「億り人」ともてはやされたことを覚えている人も多いのではないか。

このように規制を回避するツールであるがゆえに、「ビットコイン」の相場に影響を与えてきたのは金融規制だ。2017年には国内資産の海外流出阻止のため中国政府当局が、国内の金融機関に対して暗号資産サービス提供の停止を指示。この影響で、ビットコインは暴落した。

当然だが、国際社会ではビットコインが暗黒街の資金移転ツールになっていることを問題視する。

２０１８年3月のＧ20財務相・中央銀行総裁会議で、暗号資産の在り方が初めて議論された。この時点で国際金融を知悉する黒い経済人は、規制強化の方向に動くことが確実になった暗号資産から手を引いた。また、２０１９年6月に福岡で開催されたＧ20財務相・中央銀行総裁会議では、２０２１年までという限定付きながら暗号資産のアンチマネーロンダリングとテロ資金供与対策を目的とした新規制が合意された。

一連の規制によってビットコイン相場は、沈静化したはずだったのだが……。

カリスマたちが作った「神話」

私がツイッターで「ビットコインは儲からない」などと批判しようものなら、コイン・カルトの信者たちはありとあらゆる理屈を使って批判を繰り返す。そうした人たちは「ビットコインで儲かるのは太陽が東から昇るのと同じだ」といわんばかりだ。

スターバックスで意味もなくパソコンを広げて長時間仕事をしたフリをするなど、自分を過剰に演出するが中身を伴わない人は「意識が高い」と呼ばれる。また情報を知らない人は

「情弱」と呼ばれる。この「意識高い情弱」という層が、前章のＦＩＲＥ信者やビットコイン信者になっているというのが私の印象だ。「自分がない」ということで、ビットコイン信者は「神話」にすがっていた。

２０１８年にはツイッターの創業者であるジャック・ドーシー氏が、「ビットコインは世界で唯一の通貨になる」と発言。これを受けて同年にはアップル創業メンバーの一人で「ウォズ」の愛称で知られるスティーブ・ウォズニアック氏が、「ビットコインだけが純粋なデジタル・ゴールドだ」と発言した。２００７年に経済誌『フォーブス』の名物である億万長者ランキングに名を連ねた投資家、マイケル・ノヴォグラッツ氏はリーマン・ショックによって、転落。その後、ビットコインなどの暗号資産に数億ドルを使い、その地位を取り戻した。

このように「ビットコイン・カリスマ」によって「神話」が作り出されており、信者たちは「あの有名人も賞賛しているから」ということで、ますます信仰を深めていった。

たしかに、71ページの図「ビットコインの価格推移」でも明らかなように、ビットコインの価格は２０２０年後半に４倍になり２０２１年にはさらに上昇した。

このことでビットコインをとりまく環境は、以前とは違う状態になっている。

2019年12月時点で運用資産世界4位(約3兆ドル)のフィデリティ・インベストメンツが2020年に公表した調査結果によると、欧米の機関投資家の36%が自身のポートフォリオ(保有金融資産の組み合わせ)に暗号資産を保有するようになった。また、大手の金融商品取引業者でも、投資家がポートフォリオに暗号資産を追加しやすくするファンドを導入している。

稀少であるにもかかわらず物質としても安定している金(ゴールド)の市場は、金融資本が逃避する有力地だった。

政府や、政府の金融政策によって管理されていないものの、ビットコインは金同様に厳しく供給が制限されている。マイニングによって少しずつ発掘されるという性質も合わさって、コロナ禍ではビットコインを「デジタル・ゴールド」と再評価する声が強くなっていることは事実だ。

ではビットコイン市場にマネーを投下することは「投資」なのか「投機」なのか——そのことを考えてみよう。

好例ともいえるのがテスラ社のCEO、イーロン・マスク氏に対する、マイクロソフト創業者、ビル・ゲイツ氏の見解だ。

マスク氏は以前から暗号資産を高評価しており、ドージコインなどの暗号資産に投資をしていた。２０２１年2月8日には、テスラ社がＳＥＣ（アメリカ証券取引委員会）に提出した資料から、同社が15億ドル（約１６００億円）のビットコインを購入したことが明らかになった。さらにテスラ社は同社製品購入の際、ビットコインでの決済を受け付けることも発表する。

ビットコインブームは「ギャンブル・カルト」

このことでビットコインの価格は一時16％も上昇し、最高値となる4万４０００ドルを記録している。ところが２０２１年2月20日にマスク氏が、

「ビットコインの価格は高いようにみえるね（笑）」

とツイートすると、ビットコインの価格が13％も下がることとなったのだ。

この動きに対して、２０２１年2月25日、ビル・ゲイツ氏がブルームバーグテレビジョンのインタビューでこう答えている。

「イーロン氏はおカネをたくさん持っていて、多くの知識を持っています。だから、彼のビ

ットコインがランダムに上がったり下がったりすることを私は心配していません。しかしおカネに余裕がない人々は、こうした熱狂に引き込まれているように見えます。イーロン氏よりもおカネが少ない場合は、注意するべき必要があるというのが私の考え方です」

世界で4番目の富豪がビットコインでの投機を行うべきではないとしているのだ。

ゲイツ氏の発言を、具体例を使って解説してみたい。

85ページの図「ビットコイン保有分布図表」を見れば、2021年6月10日時点で全コインの総額の実に94・84％を1BTC（＝ビットコイン）以上の保有者が、85・86％を10BTC以上の保有者が占有していることがわかるだろう。この時の取引価格は1BTC＝3万6824・44739ドル、同日のレートで換算すると403万4118・212円だ。

ビットコインの大量保有者は「WHALE」（クジラ）と呼ばれている。10万BTC以上保有しているのは、たった4アドレスにすぎない。

上場企業の株価に発行済み株式数を掛けた値が「時価総額」である。たとえば時価総額10億円の企業があれば、10億円以上の現金を持っている人は、その会社の全株を購入し、いかようなりともできる。

このように金融市場とは、資金を持っている者がアドバンテージを得て優位に物事を進め

ビットコイン保有分布表

保有ビットコイン数（BTC）	アドレス数	各層の保有数（BTC）	各層の金額（ドル）	全コイン比
0－0.001BTC	19479100	3,962	145,897,241	0.02%
0.001－0.01BTC	9519774	36,422	1,341,222,649	0.19%
0.01－0.1BTC	5796905	187,720	6,912,669,944	1.00%
0.1－1BTC	2367954	740,079	27,253,015,869	3.95%
1－10BTC	659201	1,681,938	61,936,437,398	8.98%
10－100BTC	130262	4,239,442	156,115,136,506	22.64%
100－1,000BTC	13927	3,948,053	145,384,876,931	21.08%
1,000－10,000BTC	2088	5,156,045	189,868,521,240	27.53%
10,000－100,000BTC	80	2,042,913	75,229,160,980	10.91%
100,000－1,000,000BTC	4	691,983	25,481,905,781	3.69%

「Bitcoin Distribution」より2021/06/10時点

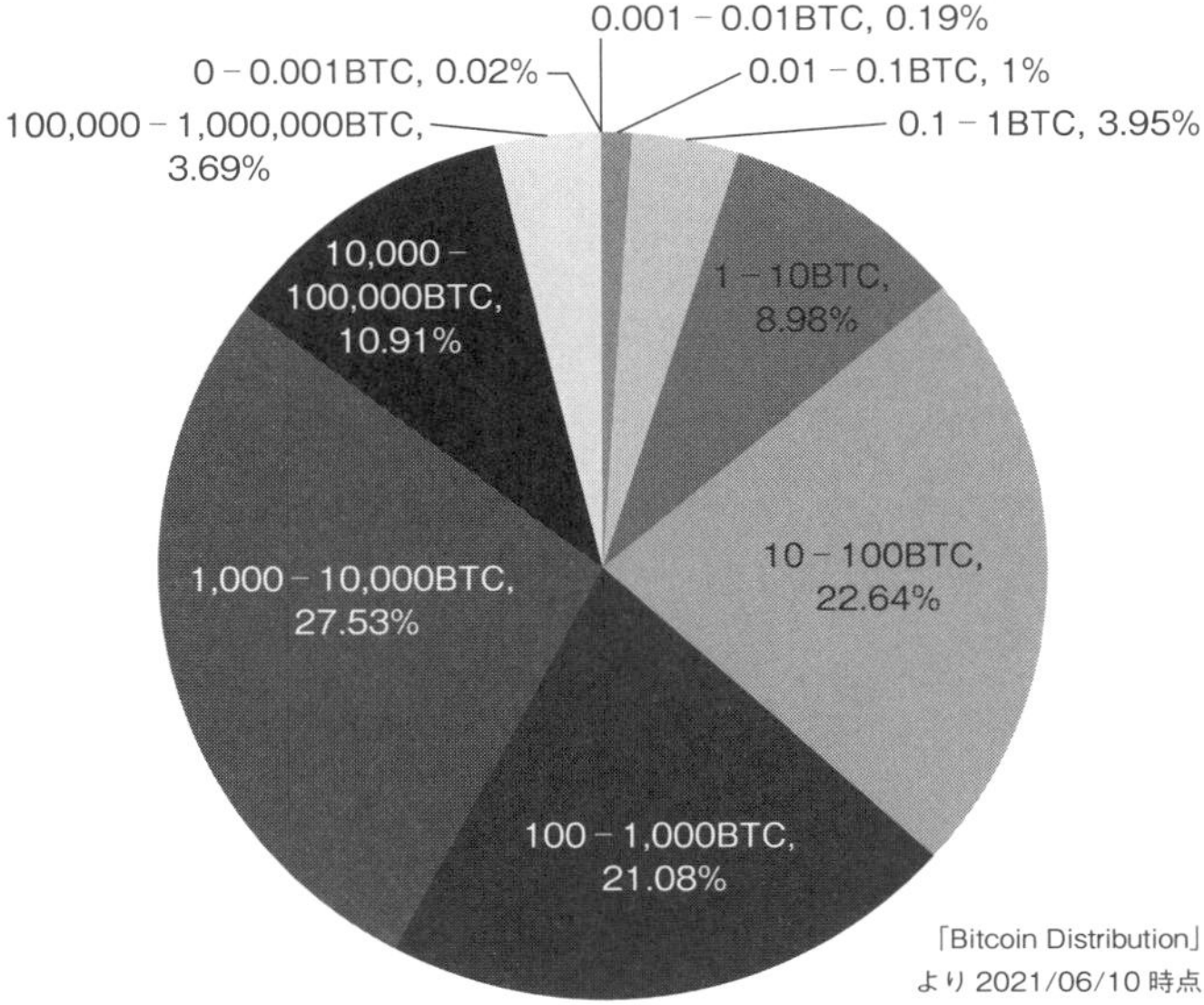

「Bitcoin Distribution」より2021/06/10時点

ビットコイン保有分布図

られる世界で、その資金が移転していき次々とアドバンテージの所有者が代わっていくゲームだ。

圧倒的なボリュームの保有者は、ゲームを自由に操ることができるということになる。株式投資においては公平な投資が保たれるように、さまざまなルールが設けられている。企業の業績、成長力が予測できるように、多くの決算情報やＩＲ（投資家向け広報）が公平に提供される。

すなわち合理的に判断する材料が公平に与えられているということだ。

対してビットコインの場合、大量保有者の思惑で大量売却が行われれば暴落し、大量購入が行われれば暴騰する。それどころではない。イーロン氏のような大量保有者の発言一つで乱高下するのだ。

ボラティリティを大変動させる発言がいつ起こるのかなど、誰が合理的に予測できるのか。

私がビットコインをパチンコ、競馬、花札のごときギャンブル投機だと主張する根拠はここにある。パドックの馬が尻尾を振ると「今日は調子がいい」と言う人がいるが、馬の気持ちが人間にわかるはずがない。わからないがゆえに「ギャンブル」が成立するのである。

すなわちビットコインで一時わずかなおカネが得られたとしても、やがては損失へと転換することは太陽が東から昇るくらい間違いないということだ。その「一時の儲け」を信じ込んでいる人がコイン・カルトの信者だ。

機関投資家が暗号資産をポートフォリオに入れたのも、コロナ禍で余ったマネーを保有したゲームプレイヤーではなく、「クジラ」としてゲームチェンジャーになる確信があるからだ。著名投資家たちは、ゲームチェンジャーになれるほどの原資を投入したから儲かったということに過ぎない。

ちなみにウォズニアック氏が注目していたのは、ビットコインの技術が社会にどう浸透していくのかという点だった。ウォズ氏は1BTCを残してすべて売り払い、コロナ禍のビットコイン相場に参入していない。

ゲイツ氏のいう「おカネに余裕のない人」は、この相場の中で大量保有者の養分にしかならない。なによりFIREの項で書いた「所得の現実」から考えれば、今からいくらのビットコインを保有できるのか。

黒い経済界の「救世主」

ビットコインの大量保有者「クジラ」になれば、意のままに相場操縦もできることは前述した。しかし発行枚数の上限があるという条件で、どうして大量のビットコイン保有者が生まれるのかを疑問に思った人はいないだろうか。

ご存じかもしれないが、ビットコインはマイニングを行った報酬で得ることができる。一つの単位は「ブロック」と呼ばれ、価値を落とさないために約4年に1度のペースで1ブロックあたりの報酬が半減する仕組みだ。

２０２１年2月現在で1ブロックのマイニング報酬は6・２５ＢＴＣ。２０２１年6月10日の相場で換算すると約２５００万円ということになる。

ビットコインは皆さんが所有している普通のパソコンを使ってマイニングすることができるように設計されている。マイニングの実行者は「マイナー」と呼ばれるが、「だったら自分もマイナーになってクジラになる！」と鼻息を荒くする人もいるかもしれない。

確かにごく初期の頃は、1世代前のパソコンでもマイニングを行うことができた。だがビットコインの価格上昇とともに、マイナー間で競争が起こるようになる。２０２１年の現在では、大量の電力を必要とする大型コンピューターと、それを動かすための強力な冷却装置などが必要になる。原子力発電所がほぼ停止し、火力発電に頼る日本では割が合わない。実際に見た人しか知らないことだが、マイニングマシーンの騒音と振動は、普通のマンションの一室で行えるようなレベルではない。電気料金が安くて、周囲に人がいないということを合わせると海外で専門施設を作らなければ不可能ということになる。

こうした条件から中国が「巨大鉱山」となり、全世界に供給される暗号資産の実に7割が発掘されるようになっていた。

マイニング報酬は約4年で半減する。その上、海外から中国に設備投資することはリスクが高い上、乱高下する相場ではペイできるのかは不透明だ。ビットコインを安く手に入れる方法さえあれば、ということになるのだが……。

そこで暗躍するのが「黒い経済人」たちである。

ここまで「ビットコインは利益を生まない」ことを解説してきたが、それは皆さんのような一般市民限定の話だ。暗号資産やビットコインを使って利益を得ていたのは「クジラ」だけではない。

黒い経済界の住民は武器や麻薬の決済手段としてではなく、フィンテックの生んだ最新のマネーで大きく潤っていたのだ。

その方法を解説したい。

黒い経済人たちが最初に目を付けたのは暗号資産で行う「新規発行コインによる資金調達」すなわち「ＩＣＯ（= Initial Coin Offering）」だ。

中国政府による持ち出し規制によって、２０１７年に「ビットコイン」が暴騰した。暗号資産は誰でも発行できるということ。また、「ビットコイン同様に暗号資産はいずれ上がる」という思惑。「どうせ上がるなら新規発行した安い段階で入手して高く売ったほうが儲かる」という投機欲が重なり、「ビットコインもどき」の暗号資産を発行して、発行主体が資金調達を行うＩＣＯが２０１８年にブームとなった。

規制が緩かった２０００年以前のアンダーグラウンドの株取引の世界では新規発行株をインサイダー取引によって格安で入手し、相場操縦で高く売り抜けていた。だが「暗号資産」のインサイダー取引や相場操縦を規制する法律は存在しなかった。

法規制が技術に追いつけなかったからだ。

世界全体でＩＣＯによって調達された資金は、この２０１８年だけで２兆２６３８億円以上。有名人を広告塔にした詐欺的な「コイン」が話題になったことを覚えている人も多いだろう。

当然のことだが、英語ができて感度の高い暴力経済人たちはＩＣＯに群がった。ちょうどこの時期、特に関西圏では、ホームレスなどの名義で作った銀行口座の闇取引額が暴騰している。暴力団排除条例で新規口座を作れなくなった黒い経済人たちが、ＩＣＯや暗号資産取引を行うために口座を求めたことが原因だ。

「資金移転」「資金調達」「インサイダー」と、「走・攻・守」揃った名プレイヤー「暗号資産」を手に入れた黒い経済界は、我が世の春を謳歌することとなったのである。

前述したように２０１８年3月のＧ20財務相・中央銀行総裁会議で暗号資産が問題視され、感度の高い黒い経済人を皮切りにＩＣＯから手を引いていった。その後も規制は強化され、同時にブームも終焉したのである。

ビットコインを使った「黒い錬金術」

もう一つは「ビットコイン」そのものを使った手口だ。

その方法は私たちが「相対《あいたい》」と呼ぶ市場外直接取引である。

２０１７年8月ごろ私は「猫組長」を、個人を株式会社に見立てた一種の資金調達手段

「ＶＡＬＵ」に上場していた。「猫組長」株はかなりの高値で売買されたのだが、「ＶＡＬＵ」がビットコインで取引されるということで、１ビットコインが40万円台の時に55ＢＴＣを得ることになった。

「暗号資産」という新たなマネーに興味を覚えた私は、その後、買い足していき最終的には650ＢＴＣを保有することになった。同年11月下旬ごろ「ビットコインバブルは崩壊した」と判断して、１ＢＴＣ＝150万〜160万円で売って、手を引いた。

暗号資産で得た収益は、税制上「雑所得」に分類され、金額にもよるのだが住民税等を含めた税率は最大で55％にもなる。暗号資産で利益を生み出した時の最大の難問は税金ということだ。

その対策ツールとしてビットコインを安く手に入れた保有者が利用したのが黒い経済人だった。

オモテの経済は法令を遵守するがゆえに、「一般道」を走る速度でしか進めない。対して黒い経済界は「違法ギリギリの合法」という「高速道路」を自ら作り、一直線に走ることを強みとしてきた。坪１億円の土地が明日２億円になると知っていても、オモテの世界ではいくつもの稟議《りんぎ》を通していかなければならない。しかし暴力団経済は、一声で現金を用意する。

ただし返済が滞った場合、暴力が行使されることは言うまでもない。

オモテの世界がリスクヘッジのために慎重さを必要とするのに対して、暴力団経済は「暴力と恐怖」がリスクをヘッジする。それゆえ「早い金」でビジネスができるのだ。

こうした理由で黒い経済人たちは資産を「現金」で保有している。

デジタルであるがゆえに、取引所を通じたビットコインの現金化は必ずアシがつく。ところがビットコインはスマートフォンを使って掌の中で他人に譲渡することができる。そこでビットコインを保有している者は、黒い経済人に直接ビットコインを販売するのだ。

黒い経済人は、その時の相場より安いが、税金を支払うよりははるかに有利な額の現金を直接渡す。ビットコインを受け取った黒い経済人は入手したビットコインを海外に逃がし、そこで転売するというスキームだ。

ビットコインの保有者は無税で現金化できる。一方、黒い経済人たちは海外でビットコインを売ることでドルで蓄財することができる。クジラとして相場を操りたい人たちはビットコインを集めることができる。

黒いＷＩＮ－ＷＩＮの三角取引が成立するということだ。

コロナ禍でビットコインが暴騰する前の2019〜2020年にかけて、1BTCは約80万〜90万円で推移していた。その時は毎日1BTCを相対で取引する人がいた。約100万円程度の現金を右から左に流すだけだ。わずか5分で20万〜30万、1ヵ月で1000万〜1500万円を儲けることができるのだから笑いが止まらない。

コロナ禍で暴騰して以降は大量の現金を用意しなければならなくなったということで、相対取引は停滞気味だ。フィンテックの最先端が生み出した暗号資産の象徴が、直接取引という原始的な方法で儲けを生み出している構図は皮肉としかいいようがない。

暗号資産の推進と反対を分割する理念

さて大量保有者だけが価格操作の権利を手に入れ、国家による規制や法などをくぐり抜けるビットコインなどの非ステーブルコインの近未来を考えたい。

その土台として整理したいのが、暗号資産の根底に横たわる理念だ。実はここにも「信用」の問題がある。

ウォズ氏やイーロン・マスク氏が暗号資産推進の立場をとる。その一方で「投資の神様」の異名を持つウォーレン・バフェット氏は、

「暗号資産には価値がなく、何も生み出さない」と切り捨てている。

両者の立場の差を理解する好例が、フェイスブック社が2019年6月に発表した暗号資産「リブラ」の発行計画だ。

同社は、スイスを拠点とする新たな金融機関（リブラ協会）を創設。ドルやユーロ、円など信頼性の高い通貨を実際に保有して、価値を裏付ける民間発行のステーブルコインで、実際の通貨と交換可能とされていた。

民間企業による暗号資産を使った「世界統一通貨」という野心的なプロジェクトに対して、その利便性を無前提で賞賛する人がいた。はたしてこうした人たちは「規制」という合理性を考えなかったのか。

「高速道路」を例に解説しよう。

高速道路が高速で通行できるのは、一方通行という強力な「規制」があるからだ。一般道においても円滑な交通を阻害する事故と渋滞を解消するために信号機による交通整理が行われている。「暴力経済」でさえ、決して高速道路を逆走するようなことはしない。やっているのは時速100キロの制限速度を200キロで走行するようなことだ。砂漠で木陰が価値を持つのは、灼熱の太陽があるからだ。健全な社会という最低限の土台がなければ、「暴力経済」が生き残ることはできない。

無規制というのは実は合理性を妨げる混乱しか生まないということだ。現在の「ビットコイン」は無規制そのものということになる。

個人的な自由と経済的な自由の双方を重視する、自由主義上の政治思想・政治哲学の立場を「リバタリアニズム」（完全自由主義）と呼ぶ。また、社会にルールがあること自体を否定する主義を「アナーキズム」（無政府主義）と呼ぶ。

「暗号資産信仰」はこの中間点に位置するというのが私のイメージだ。

円が日本でドルがアメリカで、ポンドがイギリスで発行されるように、通貨とは国境の表象だ。国境とは「ヒト・モノ・カネ」についての規制なのだから、通貨も発行国の規制と言える。

世界統一通貨としての暗号資産とは、

「こうした規制をなしにして世界を一つにしましょう」

ということだ。信奉者は、

「世界の通貨が共通になれば、ドルのように強い貨幣を持つ国だけが優位にならない」

「貧困国の人も平等にチャンスが与えられる」

「どこの国に行っても換金の必要がない」

と主張するが、高速道路や信号機の例で考えれば、それがいかに非合理的なことか理解できるだろう。共通通貨ができれば、ただより多くの共通通貨を得ようとする国が出てくるだけだ。

当然のことながらそれは最大の暴力の保持国だ。それこそＩＴのもたらす最先端社会ではなく、ただの原始世界ではないか。

そもそもすでにある「国家」が「国家」としての存在を自ら否定することなどありえない。

特にシリコンバレー系のＩＴ業界の住人はリバタリアンが多い。コンピューターは性能さえよければ、どこの国で生産されようと構わない。そのコンピューターが繋がるネットの世界にも国境はない。自分たちのやりたいことを阻害する「規制」から常に解放されることを理想とする思想にたどり着いているように見える。

「リブラ」計画の失敗

ではなぜ同じシリコンバレー出身のビル・ゲイツ氏は「ビットコイン」に否定的なのか——その理由は歴史にあると私は考えている。

AT&Tは1877年に電話を発明したグラハム・ベルの「ベル電話会社」を前身として創業した。情報通信技術は戦争も含めた国家的経済活動の戦略技術ということで、二つの世界大戦を通じて国家が保護した国策企業だ。しかし、第二次世界大戦終戦後の1949年に司法省が反トラスト法でAT&Tを提訴。約30年の裁判を経てAT&Tは分割、解体された。戦争が終わったことで、自由競争による技術発展の方向をアメリカが選んだことが大きな理由だ。

アメリカという国は、成長のためなら国策企業を解体することも厭《いと》わない。マイクロソフトもウィンドウズで世界のコンピューターのOSをほぼ独占した。しかし同社のInternet Explorerのアイコンをデスクトップに置き、他社のブラウザを使う機会を奪ったとして、1996年に司法省から反トラスト法で訴訟を起こされた。分割こそ免れたものの、マイクロソフトは収益構造を変更せざるをえなくなる。

ビル・ゲイツ氏はこの時に規制の価値と、国益に反した時に躊躇《ちゅうちょ》無く振り下ろされるアメリカの暴力性を理解したとしか私には思えない。そうした経験がなければ、ビットコインを否定することなどなかっただろう。

当然のことながらリブラは発表直後からG7やG20などの国際会議で猛烈な批判の対象となった。アメリカ政府は牙を剝き、2019年10月8日付でアメリカ議会上院の銀行委員会メンバーが、リブラ計画への参加を表明していた「ビザ」に、

「プロジェクトが消費者、規制対象の金融機関、およびグローバルな金融システムに与えるリスクについて、重要な質問に答えていないことを懸念している。あなたの会社が先に進む前に、これらのリスクをどのように管理するかを慎重に検討することを求める」

という「脅迫状」を送ったのだ。

こうして、ビザ、マスターカード、eBay（イーベイ）などをはじめとする大手企業7社が、手紙からわずか1週間で「リブラ」から脱退。さらに、ネット決済の祖である「PayPal」（ペイパル）にまで背を向けられることとなった。

2020年10月13日には、G7財務相・中央銀行総裁会議がリブラを名指しして、「G7は、妥当な設計に基づく法令と規制、監督基準を十分整えるまで、いかなる世界的な

ステーブルコインのプロジェクトも開始するべきではないとの考えを維持する」と改めて反対の姿勢を強調した。

同年12月にフェイスブックは「リブラ」を「ディエム」に改称。フェイスブックの関与を縮小して、ドルで価値を裏打ちするドルペッグ型のステーブルコインへの変更を行うことを発表した。

こうして「リブラ・プロジェクト」は事実上頓挫することとなったのである。

ビットコイン包囲網

これまでビットコインの存在感は「リブラ」ほど大きなものではなかった。「大きく儲かった」「大きく損をした」というのは一般人の視点で、世界全体のマネーの総量や動きから比較すると微々たるものだったからだ。犯罪に使われると言っても、コロナ禍以前の1BTCが80万〜100万円だ。できることもたかが知れている。

ビットコインそのものを取り締まるより犯罪の現場を取り締まるほうが効率的ということで、問題とされながらも抜本的な対策が看過されてきたのだ。

ところがコロナ禍を通じてビットコインの取引相場は4倍からさらに上へと向かっていっ

た。ビットコインに対するリスクも同様に膨張したということだ。

ビットコインの膨張に伴って、アメリカの当局は規制と監視を強化し続けている。アメリカの銀行は、暗号資産や現金で3000ドル以上を海外送金した場合、その情報を保管しなければならなかった。ところが2020年11月には、FinCEN（金融犯罪取締ネットワーク）がその基準を250ドルにまで引き下げた。

同年翌12月にはFinCENが、管理者が存在していない（非ホスト）型の暗号資産ウォレットの取り締まり強化のための規制案を発表した。この規制案に従えば3000ドルを超える交換をする際に、暗号資産交換所は顧客の身元確認の強化が必要となる。また、暗号資産交換所は1万ドルを超える取引について、SEC（アメリカ証券取引委員会）やIRS（合衆国内国歳入庁）への報告が義務付けられるようになる。

さらに2021年5月20日には、アメリカ財務省が収入の隠蔽を防ぐため、1万ドル以上の暗号資産送金の際、企業に対してIRSへの報告を要求した。

同年同月28日には大統領のバイデン氏が就任後初となる予算案を発表したが、暗号資産について、金融機関にIRSや財務省の下部組織に新たな報告を求める提案が含まれている。

前述したがビットコインの最大のメリットはドルと交換可能だったことだ。そのドルの本国が監視と規制を強化したのだ。

価格膨張をした結果、ビットコインの魅力は半減したといえるだろう。

世界の7割の暗号資産を産み出す「巨大鉱山」、中国の政府も規制に動いている。

コロナ禍でビットコインは、それ以前の約4倍にも暴騰した。単純計算で1BTC＝100万円だったものが、1BTC＝400万円になったのだ。マイニング業者は、マイニング報酬としてビットコインを保有するが、業者の資産が増える速度が4倍に。またビットコインを利用して、中国人が資産を逃避させる量も4倍になるということになる。

政府が管理できない巨大な資産逃避を中国政府は許さなかった。

2021年5月21日、中国の副首相、劉鶴氏が主宰する国務院の金融安定発展委員会が、暗号資産のマイニング禁止と、交換所での交換サービス停止の規制方針を明らかにした。結果、中国のいくつかのマイニング業者がマイニングを停止し、取引所も海外移転を模索している。

さらに世界中の金融機関も安易な暗号資産保有ができないようになる見込みだ。

国際業務を行う銀行は、バーゼル銀行監督委員会が定める自己資本比率や流動性比率などについての国際統一基準「バーゼル合意」に準拠している。

このバーゼル合意に従って2021年現在、銀行の自己資本比率は最低8%を目標にすることが定められている。

コロナ禍での高騰によって金融機関もビットコインで資産を保有するようになった。そこで2021年6月10日に、バーゼル銀行監督委員会は、「暗号資産と関連サービスの拡大は金融安定への懸念と、銀行が直面するリスクの増大を引き起こす可能性がある」

として銀行がビットコインなどの暗号資産保有への規制案を発表したのだ。

バーゼル合意では株式など保有資産にリスクウエイトを設定して、必要な自己資本比率を算出するように規制。リスクウエイト×目標自己資本比率が、各資産に必要な保有資産額となる。

案によればビットコインなどの暗号資産はリスクウエイト1250%とした。目標最低自己資本比率が8%なのだから計算すれば0・08×12・50=1。すなわち銀行がビットコインを保有するということは、同額以上の自己資本を保有しなければならないということになるのだ。

そもそも国家の承認が必要な金融機関が極めてボラティリティの高い「ギャンブル資産」

で、資産を保有すること自体が異常だったのだ。ギャンブル資産が大暴落して銀行がデフォルトを起こせば、困るのは預金者だ。バーゼル銀行監督委員会の提案は、預金者保護や金融安定化のために当然といえるだろう。

リーマン・ショックの反動で生まれた暗号資産が、コロナ禍の膨張によって次のショックを生む温床となっていることは皮肉といえよう。

また、2021年6月8日に、中米エルサルバドルの議会が、ビットコインを法定通貨にする法案を賛成多数で可決した。IMF（国際通貨基金）は即座に反応し、

「ビットコインの法定通貨採用は、マクロ経済、金融、法律上の多くの問題を引き起こし、非常に慎重な分析を必要とする」

と、反対の姿勢を打ち出した。

このままエルサルバドルがビットコインを法定通貨として貿易決済に使ったとしよう。前述したように日本の法律は暗号資産を「法定通貨または法定通貨建ての資産ではない」としている。外為法（外国為替及び外国貿易法）にも抵触する。

通貨の仕組みを変えることは難しいので、エルサルバドルとのビットコインを媒介にした貿易取引を禁止するか、ビットコインそのものの取引を禁止するなど、さらなる対応を迫ら

れることになるだろう。

このようにビットコインを取り巻く環境は厳しさを増す一方だ。

こうした影響でビットコインが暴落して投機対象とならなくなっても、次の「コイン」は生まれる。それは競馬が麻雀に、ポーカーがブラックジャックに代わるのと同じことだ。投機対象としての非ステーブルコイン型の暗号資産とは多くのギャンブルを楽しめる「カジノ」のようなものだということだ。

ビットコインの「断末魔」

コロナ禍における金融への信用膨張がビットコインの暴騰へと繋がった。その暴騰がビットコインのリスク膨張へと連鎖し、規制の強化を生むという構造を説明した。

国家などの規制から逃れることとは、犯罪との親和性が高いということだが、規制強化に対抗するように、ビットコインに関連した事件が多発している。

２０２１年５月７日には、アメリカ東海岸に設置された、同国最大級のパイプラインが「ランサムウエア」による攻撃で停止したのだ。「ランサムウエア」は利用者のシステムアクセスを制限するコンピューターウイルスで、制限解除のために身代金を要求する。

ご存じない方も多いかもしれないが、パイプラインは常に石油を流し続けないと設備が維持できない。中国と北朝鮮の間にはパイプラインがあるが制裁で石油の供給を止めることができないのは両国の関係だけではなく、停止すると再稼働に莫大な費用と時間がかかるからだ。

攻撃されたパイプラインを運営する会社のコロニアル・パイプラインは、攻撃をしかけた犯罪集団「ダークサイド」にビットコインで440万ドル（約4億8000万円）を支払い、パイプラインは復旧することとなった。同年6月7日にはアメリカ司法省が、FBI（アメリカ連邦捜査局）の捜査で、会社が支払った身代金のうち63・7ビットコインを発見、回収したことを発表した。

しかし回収時の相場は支払った時より下落していたことで、二重の損失となっている。この時のビットコイン下落に大きな役割を果たしたのがテスラ社のCEO、イーロン・マスク氏だ。

元々マスク氏は舌禍事件を起こすことで知られているが、相場を操るかのように暗号資産への口先介入を続けている。

2021年5月9日には、バラエティ番組に出演し、自身が保有する暗号資産「ドージコイン」を「詐欺」とした。発言は冗談だが、ギャンブル市場はそうは受け止めずドージコインは暴落した。

2021年2月に、テスラ社が15億ドルものビットコインを購入し、同社製品購入時のビットコイン決済を認める方針を発表したことは前述した。このことでビットコインは暴騰した。

しかし同年5月12日には、テスラ社が大規模電力を必要とするマイニングの環境負荷を理由にビットコインでの決済を一時停止することを発表。そのわずか4日後の16日には、

Elon Musk
@elonmusk
#Bitcoin
Her: I know I said it would be over between us if you quoted another Linkin Park song but I've found someone else.
Him: So in the end it didn't even matter?
上午9:07 · 2021年6月4日 · Twitter for iPhone
マスク氏のツイート

「環境負荷を考えるのであれば、テスラは保有するビットコインを売るべきだ」

という旨の匿名ツイートに、マスク氏が「確かに」と返信。そのことで、ビットコインは暴落した。さらに翌17日にはマスク氏が、

「臆測について明瞭にするために言うが、テスラはビットコインを全く売っていない」

と、ツイートしビットコインが下げ止まるという

ことになった。

2021年6月4日にはマスク氏が別れ話をする男女の写真とともに、ビットコインのロゴの横に、割れたハートマークを付けたツイートを投稿した（107ページ「マスク氏のツイート」を参照）。「クジラ」がビットコインを大量に手放すとの観測から、ビットコインは7％も暴落することとなった。

マスク氏の口先介入に激怒したのが国際ハッカー集団「アノニマス」のメンバーを名乗る人物だ。2021年6月5日に、その人物がYouTubeに動画をアップ。グループのトレードマークである、ガイ・フォークス・マスクをかぶりボイスチェンジャーを通じて、こう脅迫したのだ。

「おまえのせいで勤勉な人々の夢が壊れたのに、おまえは自分の数十億ドルの大邸宅をいくつも所有し、インターネットで人々をからかい続けている」

「おまえは自分が世界で一番利口だと思っているかもしれないが、ここにおまえにふさわしい相手がいる。われらの名はアノニマス。われらは軍団だ。覚悟しろ」

公開日だけで動画は180万回再生されたが、同日、この脅迫に対してマスク氏は、

「憎むものを殺すな、愛するものを守れ」

と反応。しかし口先介入が止むことはなく、6月13日には、マスク氏が、

「マイナーがクリーンエネルギーを適正（～50％）に使用し、将来的にプラスの傾向が確認できれば、テスラはビットコイン決済を再開する」

と、テスラは条件付きでビットコイン決済の再開を公表した。

テスラ社の2021年第1四半期の収益は、保有ビットコインの売却などによって大幅に増加した。ビットコインはテスラ社の企業価値を左右しているのだ。暴落することはテスラ社の損失となる。

こうした理由から、今後もマスク氏のビットコインへの口先介入は続くということだ。いくら大富豪とはいえ、民間人の発言一つで乱高下するビットコインの性質こそが問題なのだ。アノニマスの怒る理由は理解できるものの、発言一つで乱高下する投機対象に「夢」を預けるほうがどうかしているとしか思えない。

このマスク氏の口先介入こそ、ビットコインが「ギャンブル・カルト」であることの実証だ。事件の多発は、終末へと向かうギャンブル・カルトの断末魔にしか、私には聞こえないが……。

覇権ツールとなる暗号資産

ビットコインをはじめとする投機性の強い非ステーブルコインの未来が、そう明るくないことは理解いただけたと思う。だがこのことは「暗号資産」の未来全体を示していない。なぜならサイバー空間上の「基軸通貨」の座を狙って大国間が開発競争を開始しているからだ。

ドルの絶対性については後述する。1944年のブレトン・ウッズ協定以降、世界の通貨はドルに従属している。基軸通貨を発行するということは、世界を従属させているということだ。すなわち現在の体制では、アメリカから逃れることはできない。

この状況に挑戦しようとしているのが中国だ。

海外送金や貿易決算のほとんどはSWIFTシステムを介して行われている。SWIFTシステムには200以上の国や地域、さらに1万1000社以上の金融機関がアクセスしている。9・11以降、SWIFTはアメリカの監視下にある。

マネーをドルから独立させるためには、まず独自の送金ルートということで、中国はSWIFT以外の独自の送金、決済システム「CIPS」(Cross-border Interbank Payment System)

を作り上げた。

２０１５年に中国人民銀行がＣＩＰＳを導入する。

中国は２０１３年に独自の巨大経済圏構想「一帯一路」を提唱して以降、着々と経済圏を拡大している。その参加国にＣＩＰＳを導入させ、中国との貿易決済をＣＩＰＳ経由の人民元建てにするよう相手国に要請している。２０２０年7月末時点で97の国や地域、９８４行の金融機関がＣＩＰＳに参加している。地域別ではアジアが７３１行、欧州が１２４行、アフリカが37行となっている。

人民元の影響圏を「一帯一路」と組み合わせることで拡大したということだ。

米中間の摩擦が決定的になった中国にとって、最大の問題は「ドル支配」から、自国通貨「人民元」を大きく切り離すことである。中国は、その脱出口をドル支配がまったく及んでいない「サイバー空間」に求めた。

そこで中国は人民元のステーブルコイン化を目指す。すなわち「デジタル人民元」の開発だ。

中国が２０１４年夏からデジタル人民元を研究し始めた。２０１８年からは中国人民銀行の数字貨幣研究所が「９９６体制」（朝9時から夜9時の週6日勤務体制）で作業を進めていることとを、中国の中央銀行である中国人民銀行の支払決済局副局長が2019年8月に明らかにした。さらに2020年1月には、中国人民銀行が「微信」（中国版LINE）の公式アカウント「盤点央行的2019　金融科技」で、

「法定デジタル通貨の全体的な設計、規格の標準化、影響の研究、複数機関による調査実験が基本的に完了した」

と発表した。

こうして整理するとCIPSの開発、普及、デジタル人民元の開発が並列して行われていることがわかるだろう。

もちろんこれは、偶然ではない。

基軸通貨ドルは世界中に普及している。どの国でもドルに両替ができるし、経済基盤の脆弱な国では、その国の発行通貨よりドルのほうが信用が厚い。

すべての国は外貨準備として「ドル資産」を保有しているということだ。

この状況にあって、貿易相手国に人民元資産を保有させることは難しい。ところがデジタル化して決済すれば、人民元を相手国に準備させることなく「人民元建て」の決済を行うことができるようになる。

中国政府の金融当局は中国の巨大ＩＴ企業アリババの金融子会社アントや、巨大ＩＴ企業テンセントの子会社ウィーチャットに対して銀行免許取得の義務化を示唆している。こうした企業の持つネットワーク技術やネットワーク圏を政府が接収し、ＣＩＰＳとデジタル人民元を普及させるために転用するのが狙いだとされている。

特にＳＮＳ上では反中意識に振り回されて中国を軽視する人が多くいる。だが中国は多層的な国家戦略を並列して実行に移しているからこそ大国となったのだ。正しい投資は冷酷で合理的な分析からしか始まらない。

大国間に幅寄せをくらう

こうした中国の動きをもっとも警戒しているのが、現覇権国であるアメリカだ。

２０２０年８月、当時、大統領だったドナルド・トランプ氏はアメリカ企業にウィーチャットを運営するテンセントとの取引を禁止した。また退任間際の２０２１年１月にはアリペイやウィーチャットなど８つの中国系決済アプリとの取引禁止の大統領令に署名した。

一連の対応は、自国内への人民元の影響力浸透を防ぐことも目的としている。

２０２１年３月、テンセントは日本の楽天の大株主となり、両社は資本提携を結ぶこととなった。その1ヵ月後の同年4月には楽天が日米の監視対象になったことが明らかになる。アメリカは1929年から起こった世界大恐慌を自国と植民地によるブロック経済によって乗り切ろうとした。1945年からの東西冷戦でも「西側」という強固なブロックを作ってソ連に対抗した。

楽天を監視対象にした背景には、米中対立の「新冷戦」で、同盟国を強固なブロックにしようとするアメリカの強い意図があるとしか、私には思えない。

着々とデジタル人民元の開発に向かう中国だが、アメリカも対抗している。

2021年2月22日、バイデン政権で財務長官を務めるジャネット・イエレン氏は「ニューヨーク・タイムズ」が主催するオンライン会議に出席しビットコインについて、

「私はビットコインが取引メカニズムとして広く使われているとは思っていません。それは取引を行うための非常に非効率的な方法であり、それらの取引を処理するために消費されるエネルギーの量は驚異的です」

と批判的な姿勢を示した。一方で、

「ブロックチェーンに基づくデジタルドルに関しては、米国の低所得世帯を金融に参加させること（ファイナンシャル・インクルージョン）に繋がり、重要なものだと考えている」

とした。

実はフェイスブックによる「リブラ構想」も、エクアドルの「ビットコイン法定通貨化」も低所得者層と金融システムのアクセスの問題解決が本来の目的だった。

国際連合開発計画の『人間開発報告書』（２０００年）によれば、世界人口70億人の半分の35億人が、１日２ドル未満で生活をしている。また、世界銀行が２０１１年に実施した調査によると、その75％以上が正規の金融機関を利用していないという。つまり約26億人が銀行口座をもっていないということだ。

銀行などの金融機関をスマートフォンの中に保有することができる「暗号資産」は、この層の金融アクセスを可能にする。

もちろんこれは「慈善」でもなんでもない。乱暴に計算すれば１日２ドル×26億人で、１日52億ドルの巨大金融マーケットが従来の金融の世界とは別のところに構築されているのだ。

健全な暗号資産を作れば、この巨大ボリュームを金融システムの中に取り込むことができる。それは新しいアメリカ商業圏の開拓で、そのためのドルのデジタル化ということだ。

ただし成立のためには、デジタルドルに強力な規制と監視のシステムが組み込まれていなければならない。そうでなければビットコイン化するからだ。

大国のステーブルコイン開発の動きに幅寄せされ、金融における投機性の強い非ステーブルコインの生息領域はますます狭くなるだろう。将来性のないこの種の投機性の高い暗号資産を「投資」だと思い込むことだけはやめるべきだと、私は考えている。

第4章

コロナ禍の「地下経済」

訪れた「銃バブル」

コロナ禍はマネーの動きをこれまでとは違うステージに移行させたが、地下経済でも構造転換が起こっていた。2020年からの暗黒街のホットニュースの一つは、世界中で武器の取引量が格段に増えていることだ。

それは武器大国、アメリカから始まった。

きっかけは2020年5月に白人警官が黒人男性を殺害したことで発生した、反人種差別デモだった。デモは全米に拡大し暴動化する。

私の知人でアメリカ人の金融コンサルタントがいる。知人はアメリカ海軍の兵士としてイラク戦争に参戦し、PTSD（心的外傷後ストレス障害）で除隊。治療を経て東海岸に住み、現在の職業に就いた。その知人は、現地の生々しい状況をこう伝えてきた。

「もはや内戦と評価するべき事態だ。ホワイトカラーの人たちは街にある自分の家をバリケード化して、郊外の別宅に避難した」

暴徒からの武器略奪を恐れて銃砲店は店を閉じた。一方で、一般市民は通信販売で暴徒から身を守るために弾丸を買い漁っていたという。

銃に馴染みのない多くの日本人は知らないと思うが、アメリカで購入できる拳銃弾は「ターゲット」と「ディフェンス」に大別される。人体に当たった時、銃弾は先端が変形することでダメージを与える。そうならないように硬い材質が使用され貫通するように設計された銃弾が「ターゲット」。より大きなダメージを与えるために軟らかい材質が使用され、体内で先端がマッシュルームのように広がるように設計された銃弾が「ディフェンス」だ。当然ながら「ディフェンス」は殺傷能力が高い。

「暴動の最中ディフェンスと、ダブルオーがバカ売れしていた」

と、前出の知人は私に伝えた。「ダブルオー」は鹿や猪など中型の狩猟に使われる散弾銃の弾だ。射程距離は短いながら極めて殺傷能力が高く、適当に撃っても当たることから軍用としても使用される。

この時の暴動は2020年6月に沈静化した。ところが米国内の銃バブルは、その後、一段の高みとなる。

日本では2020年11月下旬から新型コロナウイルス感染の「第三波」が本格化。しかし感染大国と化していたアメリカでは、日本より1ヵ月早い2020年10月下旬、複数のメディアが「事実上の第三波」を報じていた。

２０２０年11月28日から20日間、東京都内飲食店とカラオケ店に営業時間の短縮が都から要請された。アメリカの場合、州ごとに対応が違うのだが、日本同様クラスターを避けるため人の集まる場所は営業時間などの短縮が命じられていた。

その自粛の例外の一つが、ガンショップだった。

私が知る限り多くの州で、銃を販売する店は自粛要請外になっていたのだ。ガンショップを「例外」にした理由は、「生活必需品だから」というものだった。アメリカに住む暗黒街の知人は、

「表でも裏でも大統領選に向けて銃の取引量が増えて、選挙後からさらに増え続けている」

と、明かしてくれた。

すなわち第二の「銃景気」の背景は、２０２０年大統領選挙だったということだ。

投票終了後にはバイデン氏の史上最高得票数での勝利ばかりが注目されたが、２０２０年11月24日時点でバイデン氏の得票は８０００万票台、対してドナルド・トランプ氏が７３００万票台だ。

比率ではバイデン氏52％に対しトランプ氏48％。同年11月８日にバイデン氏は勝利宣言で「分断より団結」という第一声を選んだが、僅差の得票数はアメリカが完全に「分断」して

いることを示している。

しかもトランプ支持者は選挙に対して「強い不信」を抱いていたのだ。反人種差別デモでは「ＢＬＭ」（Black Lives Matter の略）のスローガンを掲げながら一部が暴動、略奪を行い内戦状態になった。その衝撃も覚めやらないアメリカ市民は、トランプ信者が暴徒化することを恐れたということだ。

政権交代が生んだ「武器バブル」

ことはアメリカだけに留まらず大統領選を軸に、世界で武器バブルが起こった。

裏の武器市場は、戦火の起こった地域が中心となる。そうした場所には適度に慣らしを終えた良質の中古品や、倉庫にストックしてある備蓄品が山のようにあり、価格に応じて消費者のニーズに応えることができるからだ。

こうした事情から、中東は武器の巨大供給源となっていた。

２０２０年後半から世界全体で「武器景気」が上昇しているが、今回発生した武器バブルの特徴は地域差だ。アフリカではロシアン・マフィアが中心になって武器を買い漁り、世界の弾薬庫である中東は不気味なほど沈静化していたのだ。

その理由は、新大統領を勝ち取ったバイデン氏の経歴にあった。

バイデン氏は1972年に建国以来5番目の若さで上院に初当選したものの活動は地味で、特徴といえば当選を繰り返すことだった。年功序列がないとされるアメリカにあって、議会にはそれがある。各委員会で最古参の所属議員が副議長格のポジションに就けるのだ。「いるだけ」が特徴だったバイデン氏は、1997年には上院外交委員会で最古参となる。2008年には故郷デラウェア州史上最長の上院在籍年数を記録。おかげで2001年から2009年までの間に4年間外交委員会委員長を務めた。

2009年にオバマ政権で副大統領に指名されたのも、外交委員会に長く「文鎮」として在籍していたことで、外交経験が豊富だと錯覚されてしまったからだ。

大統領選直前にバイデン氏のウクライナ・スキャンダルが暴露されたように、バイデン氏はウクライナ問題の中心人物だった。しかしウクライナは分裂し、ロシアが領土を編入させることに成功している。またオバマ政権は中東の民主化に働きかけ、中東のガバナンスは構造転換をした。その結果起こったアラブの春によって中東は戦火にまみれる。

2012年にはアラブ諸国にあったアメリカの在外公館が襲撃され、大使など4名が殺害された。中国の台頭も含めてオバマ政権の外交は、アメリカ側の陣営にとって失敗の連続だ。

トランプ政権では親サウジアラビア・親イスラエル政策によって、テロ支援国家イランの中東での存在感を小さくしたことで中東は安定した。核開発を行うイランに対する６ヵ国協議からアメリカが脱退したのも、この中東戦略が理由だ。

一方でバイデン氏は６ヵ国協議への復活を公約としていた。さらにバイデン政権ではオバマ政権のスタッフが復活することが見込まれていた。オバマ政権同様にイランと交渉を始め、サウジを冷遇する政策をとることが予想されたということだ。

「バイデンで中東は戦火になる。そのために武器を集めている」

と、前出の暗黒街の知人はえびす顔で明かしてくれた。

その予測通りに中東では戦火が上がった。２０２１年5月10日、イスラエルと、パレスチナ自治区ガザを実効支配するイスラム原理主義組織ハマスが交戦した。ハマスが使用したミサイルは、イランが設計したガザ製だった。この交戦は12日で停戦合意となったものの、イスラエルとイランの直接対決という第五次中東戦争が勃発するリスクもあったのだ。

世界で起こった武器市場バブルはまだまだ続く気配である。

巣ごもり需要による「黒い年末決算セール」

地下商品の世界的需要拡大は武器に留まらない。

2021年2月2日に、アマゾンは2020年決算を発表したが、売上高は前年比37・6%増の3860億6400万ドル（約41兆3088億円）となった。日本事業の売上高は27・9%増の204億6100万ドル（約2兆1893億円）だ。

2020年の世界全体のEC（電子商取引）系やネット配信系の売り上げも概ね好調で、株価に反映されている。新型コロナウイルス感染拡大による「巣ごもり」の経済的影響が数字となって表れたということだ。

2021年3月23日に「スエズ運河」で起きた巨大コンテナ船、エヴァーギヴン号の座礁は、巣ごもり景気と無関係ではない。巣ごもりによる物流量が急拡大した一方で、収益を追求した結果、コンテナに載せる荷物量が増えていったからだ。座礁のリスクは上がる一方だったということである。

当然ながら、この「巣ごもり需要拡大」は地下経済にも影響を与えた。

その一つが大麻である。

世界中でロックダウンや移動制限が行われた２０２０年中、大麻愛好家たちはクラスター感染の起こらない山林に出かけ、大麻採取をおおいに楽しんでいた。スペイン人が採取した自慢の逸品の写真を掲載すると、それに負けまいとカナダ人が乾燥中のお宝を見せつける。お互いがお互いの成果をたたえ合う横で、ルーマニア人が間もなく行われる在住都市の再ロックダウンを嘆く——こんなカオスな会話が多くの国の人が集まるゲームサイトのチャットでは展開されていた。

「麻薬」も余暇の過ごし方の一つということで、２０２０年末に向けて大きく取引量が増えていったのは当然だ。

２０２０年大統領選の結果、民主党へと政権移行することになったが、アメリカの政権交代は官僚、スタッフなど大量の人員が総入れ替えとなる。この大移動は世界の覇権国の政治を一時的な機能停止にする。

そのことで「麻薬」の黒い年末決算セールが起こったのだ。だが２０２０年末の「麻薬景気」は「個人消費」という理由だけで説明できる規模ではなかった。

確かに「エイ」と売れば「ヤー」で現金が入る麻薬は黒い経済の優等生だ。一方で麻薬は国家の戦略物資でもある。

アメリカと旧ソ連が対立していた冷戦構造下の1978年にアフガニスタンで革命が起こり親米政権が樹立すると、1979年にはソ連が軍事侵攻し傀儡《かいらい》政権を樹立する。その親ソ政権に抵抗した武装勢力がムジャーヒディーンだ。

ベトナム戦争で大量の米兵の犠牲者を出したことで、アメリカ国内では大規模な反戦運動が起こった。世界最強の暴力を保有する米軍の最大の敵が自国内の「民意」だ。

アフガニスタンに侵攻されたものの、シェール革命によって産油国になる以前のアメリカにとって、石油生産地の中東は重要な戦略地域だった。アメリカとしては中東でのソ連の影響力をどうにか抑えたい。一方で、ベトナム戦争の影響で生まれた厭戦《えんせん》感から、武力介入を行って超大国同士が戦争をする構図にはできない。

この二つの相反する事態を打開するために使われたのが、ムジャーヒディーンに対して武器などを提供する間接支援だ。

こうしてNSA（アメリカ国家安全保障局）やCIA（アメリカ中央情報局）が中心となって「サイクロン作戦」が展開されることとなった。

モルヒネやヘロインなどの麻薬は、ケシの実から採取した乳液を乾燥させたアヘンを精製して生産される。アフガニスタンはケシの栽培に優れた土地で、親ソ政権と戦うためにムジヤーヒディーン側はケシを大量に栽培して武器提供の代金に充てた。アメリカ側はアフガニスタンの隣国、パキスタンを経由して最新鋭の武器を送り込んだ。

武器と麻薬の交換を国家が直接行えばスキャンダルの種になる。そこで活躍したのが暗黒街である。政府がマフィアに武器を売り、マフィアは武装勢力と武器と麻薬を交換する。

この黒い取引の決済に使われた専門銀行の一つが、ルクセンブルクに本拠地があったBCCI（Bank of Credit and Commerce International ＝国際商業信用銀行）だ。アメリカは武器と麻薬の交換による間接支援を中南米でも行うようになった。

中南米で反米親ソ政権が樹立するとコカインが反政府勢力の資金源となり、アメリカは中東同様の交換取引を行ったのだ。この時、運搬人を務めたパイロットがデニス・ホッパー（映画『裏切りの代償』）、マイケル・パレ（『潜入者』）、トム・クルーズ（『バリー・シール／アメリカをはめた男』）が演じたバリー・シールだ。

１９８６年にイラン・コントラ事件によって、この「黒い取引」が明らかになった。だが武装組織が麻薬でテロ資金を稼ぐ「黒い取引」は今も続いている。

アフガニスタンが今も世界一のケシの生産地である理由は、中毒者が減らないからではない。中東で戦火が絶えないからだ。武器と麻薬は連動して取引量が増加するのが、黒い経済の成長モデルである。

洗浄機の前で順番待ちをする黒いマネー

２０２０年末に増えていった武器と麻薬の大規模セールが、２０２１年に縮小したという話は聞こえてこない。前述したようにリーマン・ショック以降はマネーに対する信用不信膨張への対応として、ドルが供給されるようになった。これと同じように武器と麻薬の供給量拡大は、秩序に対する信用不安への対応として起こる。

アメリカを皮切りに２０２０年末から新型コロナのワクチン供給が始まったが、世界全体はまだコロナ禍の不安の中にいる。

コロナ禍の黒い取引では特徴的な事態が起こった。地下経済の決済で行われるマネーロンダリング（資金洗浄）が停滞したのである。

歴史上、資金洗浄を初めて行ったとされているのは、アメリカのマフィア組織「シカゴ・アウトフィット」のボス、アル・カポネとされている。断定的に書けないのは、マネーロンダリングは口伝のみで継承される黒い伝統技術だからだ。

カポネが最初にマネーロンダリングに使ったのは、コインランドリーだったという。少額の匿名の現金が大量に集まるコインランドリーをいくつも所有し、その売り上げの中に黒い金を潜り込ませる手口だ。疑惑の目に対してカポネは「洗濯屋で儲けた」と言いのがれることができるようになった。

資金洗浄には「washing」が使われてもおかしくないのだが、カポネの「コインランドリー」が元になって、「ロンダリング」(laundering＝洗濯すること)という言葉が当てられたとされている。

その後、マネーロンダリングはカジノをモデルにして「三段階」に理論化される。すなわち黒いマネーを白いマネーがある場所に置く(①プレイスメント)、黒と白を層にして混ぜる(②レイヤーリング)、表に出す(③インテグレーション)である。理論化させたのは、乱立するニューヨークのマフィア組織を五大ファミリーによる合議制に変革した、ラッキー・ルチアーノの右腕、マイヤー・ランスキーだ。

黒いマネーの洗浄が、莫大な現実の取引の中で行われるという三段理論は今日まで変わらない。

ＳＷＩＦＴシステムが80年代に世界中に普及すると、カジノから国際金融に舞台を移してマネーロンダリングが行われるようになった。世界中で行われる莫大な正規の取引に紛れ込ませて、汚れたカネを国外へと移転させていくのである。

ところがコロナ禍では、移動制限によって実体経済が停滞した。黒いマネーが最初に紛れ込むべき実取引が減少したことで、マネーロンダリングが停滞することになったのだ。正規のマグロの腹の中に紛れこませて麻薬を密輸していたのに、肝心のマグロ取引がなくなってしまったといえばわかりやすいだろうか。

2020年6月頃から出口のないマネーが株式市場や暗号資産市場になだれ込んでいった反対側で、汚れたマネーは行き場をなくしてプールされることが多くなった。すでに黒い実務から離れて久しい私にもロンダリングの依頼があった。もちろん手を染めなかったが、地下経済のマネーが洗浄の順番待ちをしているというのは、私自身、経験のないことだ。

地下経済はオモテの経済が順調に稼働しなければ円滑には動かない。2021年1月からはワクチンの供給が拡大しアメリカは劇的な経済回復を遂げている。基軸通貨の発行元の活動再開によって、順番待ちをしていた黒いマネーも続々と洗浄されているだろう。

PCR検査特需でフェラーリ購入

感染拡大防止措置として自宅で過ごす時間が増えた人は多い。人々が持て余した時間を消化するために群がったのがSNSだ。老年層はフェイスブック、中間層がツイッター、若年層はインスタグラムという利用傾向だが、コロナ禍の中で英語のスパムメールが送られてくることが多くなったと感じなかっただろうか。

その感覚は数字で証明されている。

ネットワークサービスのIIJの「迷惑メール2020／1Qレポート」によれば、2020年4月に送られた迷惑メール量を1とすると、5月上旬に10倍、同月中旬から40倍、5月下旬～6月上旬に約60倍の迷惑メールが観測されたという。

FBIが刊行している「インターネット犯罪レポート2020」によると、インターネット犯罪全体による被害額は、2019年が35億ドルだったのに対して、2020年は42億ドルになったことを明らかにしている。

SNSで送られてくる英語のメッセージに、あえて古い世代のアメリカ在住の白人が黒人を侮蔑する言葉で返信すると、凄まじい怒りのメールが返ってくる。というのも、こうした小規模の国際詐欺のほとんどがアフリカ系組織によるものだからだ。

世界の地下社会をコントロールしていたのも、先進諸国の犯罪組織だ。小規模の詐欺を自分のテリトリーに仕掛けてこようものなら、すぐさま反撃を行い撃退していた。ところがそうした黒い社会のリーディングカンパニーたちは、マネーロンダリング停滞などコロナ禍に発生した未曾有の問題への対応に追われていた。

その間隙を縫って新興のアフリカ系犯罪組織が台頭してきたというわけだ。

ワクチン供給については先行国と遅延国で明暗が分かれている。遅延国で変異種が生まれ先行国へと輸出され、先行国で生まれた変異種が遅延国に再輸出されるという構図だ。この感染スパイラルによって、地下社会の版図もめまぐるしく入れ替わっているのが２０２１年現在の状況だ。

２０２０年後半から繁華街などに新型コロナウイルスの「ＰＣＲ検査センター」が林立するようになった。ネットでも検査キットを購入することができるなど、「検査キット」は供給過剰気味だ。

だが２０２０年初頭から中盤にかけて医療の世界の一部で「ＰＣＲバブル」が起こっていたことはあまり知られていない。

私の知人で美容整形外科医がいる。親も医者で、絵に描いたような二代目、すなわち「ボンボン」といえば想像がつくだろう。ウデがそれほどでもないということは本人も自覚をしている。しかし都内の一等地に豪奢《ごうしゃ》なクリニックを構えると、それだけで人が集まってくるのが美容整形外科の世界だ。

自宅で過ごす時間が長くなったことを「変化のチャンス」と捉えた人たちも多くいて、一部の美容整形外科の患者が増えたことが報道されていた。だが、この知人は本業とは別の「ＰＣＲ検査」で莫大な利益を上げたのである。

２０２０年１月からの感染拡大以降、メディアは新型コロナウイルスの恐怖を煽り続けてきた。特にテレビの「ワイドショー」はその傾向が顕著で、この時期に画面の向こう側で茶番劇として繰り広げられていたのが、「ＰＣＲ検査の不足への怒り」だった。

そこで知人が「当院でＰＣＲ検査が可能です」と宣伝すると、案の定、希望者が殺到してきたのだ。

自覚症状がある場合や濃厚接触者の場合を除き、検査は保険適用外の自由診療だ。知人は１回の費用を４万円に設定した。訪れる人のほとんどの動機は体調不良ではなく「不安」だ。そもそも「ＰＣＲ検査」という「安心」に４万円を払える「コロナ意識」の高い人たちは、もともと日常生活で手洗い、うがいを徹底して防衛に努めている。不要不急どころか要急用の外出さえもカネでどうにかできる層である。

こうした層の人たちが感染するリスクはゼロに近い。一方で検査はキット化されていて、医療技術を必要としない。

「医者としての仕事はフォーマット化された陰性証明書に患者の名前を入力してプリントアウトして、ハンコを押すだけ」

と知人は明かした。本当に儲ける気になれば、キットを使うふりをしてハンコだけ押すことも可能だという。

ここまで悪辣なことには手を染めなかったが、検査を受ける際の移動のほうが、感染リスクを高めることを、知人が客に助言することはなかった。黙っていればもう一度来るからだ。検査キットも格安で利益率も高い「ＰＣＲバブル」のおかげで知人はキャッシュでフェラーリを買った。

闇ワクチンを巡って起きた「共食い」

立地ばかりが立派な美容整形外科医が「検査」でボロ儲けをする反対側では、コロナ治療の最前線で治療を続けたまっとうな医師たちがいることを忘れてはならない。知人の勤務医は不眠不休の労働を固定給で行い、その疲労から医師を辞めることとなった。

現実には常に裏と表があるということだ。

一般市民が検査を受けられない一方で、芸能人などはちょっとした体調変化で検査を受けられた。その理由の多くは、有名人ゆえの特権ではなく、ただおカネを使ったということに過ぎなかったということだ。だがこと新型コロナウイルスのＰＣＲ検査に限っては「富める者の特権」をうらやむことはナンセンスだ。

「陰性」は検査を受けた時の結果で、未来の「陰性」を保証しない。理性的に考えればわかることだが、「検査」は「治療法の確立」とセットでなければ意味がない。

このように富裕層は「不安」をマネーによって解決しようとする。

２０２１年5月11日には愛知県西尾市で、地元の名士がワクチンの優先接種の便宜を受けたことが問題になった。同市にはスギ薬局を展開するスギＨＤ（ホールディングス）会長夫婦が住んでいる。まだ高齢者の接種が開始されていない同年4月12日にスギＨＤの秘書が同市の健康課に電話をかけて、接種予約をねじ込んだ。

この一件は行政を通じて、接種が取りやめになっただけ「マシだ」というのが私の評価だ。

ワクチン開発競争は米中の企業で激化していた。２０２０年11月には中国の「シノバック」製ワクチンがブラジルのサンパウロに到着。同月ファイザーがアメリカでの使用許可を申請した。この時、日本国内の富裕層の間ではワクチンの需要が膨張し続けていた。

黒い経済界が確実に儲かる金のなる木を見逃すはずがない。

地下社会では、闇ルートからの「ワクチン入手」の動きが活性化。ある在京組織が中国系の組織から、インド産ワクチンの購入を確約するところまでたどり着いた。

前述したように、ウラ経済のカネは早い。即座に指定された金額を振り込んだのだが、いつまで待っても「闇ワクチン」が港に来ることはなかった。在京組織は、相手組織に何度催促をしても

「今、出荷した」

というばかり。まさに混雑時の蕎麦屋の出前に似た膠着状態に陥ったのである。

押し問答が繰り返された結果、相手組織は、

「検査キットを格安で送るからそれで勘弁して欲しい」

ということで、話が落ち着いた。すでに検査需要のピークは過ぎていたものの、提示された値段でそろばんを弾くと充分にペイできるということがわかったからだ。

ようやく荷物が到着したのは今年2月初頭のことだ。荷物をほどいて中身を確認すると、

そこにあったのは大量の妊娠検査キットだった。

以後、相手組織に連絡が繋がらなくなったことはいうまでもない。

混乱こそ地下社会が活性化する場面だが、こうした共食いも起きているということだ。裏側を知っている私は、街中で積まれた検査キットを見るたび、つい入手先を邪推してしまうのだが……。

ワクチン株バブルに私も巻き込まれた！

「ワクチン」に目を付けたのは地下社会だけではない。２０２０年３月から世界中であふれだしたマネーが株式市場へと向かったが、最初になだれ込んだのが「ワクチン銘柄」だった。

「ワクチン銘柄」が市場を牽引していたのだが、その中で私も巻き込まれる事件が発生した。

テラ社は、医師で東京大学医科学研究所の研究員も務めていた矢崎雄一郎氏が創業した医療ベンチャーだ。ところが２０１８年８月に矢崎氏は関係先への迂回融資や不透明な保有株売却をしたことで、２０１９年３月に退任する。

矢崎氏と入れ替わりで社長に就任した平智之氏は、京都大学を卒業後、アメリカUCLAの大学院を修了。タレントなどを経て2009年の衆院選に民主党公認で出馬し当選、鳩山グループに所属していた。

2013年の参院選、2014年の衆院選に落選し、テラ社の社長となる。

テラ社の業績は2019年12月期で売上高2億円に対して当期損失が10億円と、惨状そのもの。上場こそしているものの、中身がすっからかんの「ハコ企業」だった。

ところが2020年4月以降のテラ社株の動きを見ると、4月6日ころから仕込みが始まり、同月13日から一気に買い集められているのがわかった。120円程度で集めた株が、1ヵ月程度で5倍以上になったのだから大儲けだ。

私は「株式会社NEKO　PARTNERS」のCEOを務めており、その業務提携先の一つがゴールドマンサックス出身のX氏が代表取締役を務める「株式会社ブルーオーシャン・アソシエイト」だ。

「NEKO　PARTNERS」は会員向けネットLIVEで推奨銘柄を伝えているが、2020年4月26日のLIVEではX氏がコロナ関連銘柄として4社の候補を挙げ、その1社としてテラ社を推奨した。

ところがＬＩＶＥの日の夜、Ｘ氏はテラ社が東大医科学研究所と新型コロナウイルスワクチンの共同研究を行うこと、メキシコで臨床試験を予定していること、そのＩＲ発表を翌27日に行うことを私に伝えた。

Ｘ氏の情報どおり27日にテラ社は、こうＩＲを発信した。

〈テラ株式会社（本社：東京都新宿区、代表取締役社長：平智之）は、２０２０年4月27日開催の取締役会において、ＣＥＮＥＧＥＮＩＣＳ　ＪＡＰＡＮ株式会社（本社：東京都中央区、代表取締役社長：藤森徹也）（以下「セネジェニックス・ジャパン」といいます。）との間で、ＣＯＶＩＤ－19肺炎に対する間葉系幹細胞（以下「ＭＳＣｓ」といいます。）を用いた治療法の開発に関する共同研究契約（以下「本契約」といいます。）を締結し、新型コロナウィルス感染症（ＣＯＶＩＤ－19）に有効な新薬の開発に係る事業を新たに開始することを決議しましたので、お知らせいたします。なお、当社は、本契約に基づき、臨床開発のサポート及び研究費の負担等を行います。〉（テラ社ウェブサイトより原文ママ）

共同研究相手のセネジェニックス・ジャパン（以下、セネ社）は、２０２０年3月23日に設立された医療コンサルティングの会社だ。同年同月25日に社長に就任した藤森氏は、大阪市立大学医学部出身の医師だ。ハーバード大学公衆衛生大学院、デューク大学経営大学院を経て東京大学医学部附属病院小児科に入局。その後、厚生労働省に勤務した。

情報通りに発表があった4月27日、X氏は私に、

「テラ株式会社の株式を市場外取引で買わないか?」

と、直接相対取引を申し出てきた。こうした市場外取引を何か怪しげな行為だと思う人もいるかもしれない。しかし、証券会社を通さずに保有株を直接売買することは株取引ではよくあることで、もちろん合法である。

X氏が私に出した条件は、

「4月28日の終値、決済ならびに株式移転日は4月30日」

とのことだった。141ページの「テラ株式会社株式買取条件」がその証拠だが、私は断った。4月27日のテラ社株の終値が167円だったが、28日の終値がいくらになるかわからないリスクがあるからだ。

なによりX氏と私が直接取引した場合、〝二つの違法性〟が生じる。

X氏の会社と私の会社は業務提携の関係にある。相対取引の話を聞く前に、私はLIVEで会員にテラ社株を推奨している。このことで利益相反行為の可能性がある。

もう一つがインサイダー取引だ。

概要書からX氏が売却しようとしているテラ社株はセネ社が保有するものであることもわかった。X氏はセネ社から依頼を受けて、テラ社株の売却を進めていたということだ。その上、X氏自身もテラ社株を大量に買っていることも判明した。

私自身はテラ社、セネ社のどちらからも直接内部情報を得てはいない。しかし、私に情報を提供したX氏の仲介で、私がセネ社と取引すればインサイダー取引になる。

これらの理由から私は断った。

令和2年4月27日

株式会社ブルーオーシャン・アソシエイト

CENEGENICS JAPAN 株式会社
東京都中央区銀座二丁目5番4号
ファサード銀座3階
代表取締役　藤森徹也

テラ株式会社株式買取条件

1．譲渡可能株数
　120万株

2．譲渡価格
　令和2年4月28日の終値

3．決済日
　令和2年4月30日午前中

4．買戻特約
　令和2年5月末日までに前日の終値の8％引きで買い戻し
　形態は以下の2パターンより選択できる
　①所有権移転パターン
　　株の名義は買主、当社が質権設定
　②質権設定パターン
　　株の名義は当社、買主が質権設定
いずれも買戻特約履行時に完全なる所有権を当社が取得する

以上

テラ株式会社株式買取条件

鳩山由紀夫とバラク・オバマで連日ストップ高

その翌日の2020年4月28日、テラ社の共同研究相手であるセネ社が運営事務局を務める「国際新型コロナウイルス細胞治療研究会」が発足した。発起人に元総理の鳩山由紀夫氏と、元大統領のバラク・オバマ氏が名を連ねた。

翌29日には鳩山由紀夫氏が以下のツイートを発信する。

〈細胞ワクチン療法に優れたテラ（株）から話をいただき、オバマ米前大統領と共同発起人となり、「国際新型コロナ細胞治療研究会」を発足しました。へその緒などから作られる幹細胞がコロナの重篤な患者に効果があることを国際的に研究して、早期に治療法を開発したいと思います。Baby saves the world.〉（１４３ページ図参照）

繰り返すが当時のテラ社の社長、平智之氏は鳩山グループに所属していた元代議士だ。株価を押し上げる、相次ぐ材料投下の裏側でX氏は直接取引を諦めなかった。深夜にもかかわらず、

「１２０万株のうち何株でもいいので引き受けてくれ」

と、しつこく連絡してきたのだ。そこで私は私とX氏の共通の知人である実業家の井上佳史氏に、株の引き受けを打診するようX氏に伝えた。

その結果、X氏と井上氏は1株２１７円で70万株の市場外取引を契約する。決済日は4月30日で金額は合計で1億５１９０万円となった。

X氏は８１００万円分をセネ社の銀行口座に振り込むことと、残りの７０９０万円につい

ては持参して領収証はセネ社取締役の竹森郁氏宛とすることを指定してきた（145ページ「X氏とのやり取り」参照）。

鳩山友紀夫（由紀夫）Yukio Hatoyama
@hatoyamayukio
細胞ワクチン療法に優れたテラ(株)から話をいただき、オバマ米前大統領と共同発起人となり、「国際新型コロナ細胞治療研究会」を発足しました。へその緒などから作られる幹細胞がコロナの重篤な患者に効果があることを国際的に研究して、早期に治療法を開発したいと思います。Baby saves the world.
午前11:43 · 2020年4月29日 · Twitter for iPhone

井上氏は4月30日に5つの口座から指定口座に計8100万円を振り込んだ。残金の7090万円はX氏の指示に従って、現金で持参した。

X氏は即座に井上氏に株を譲渡する義務がある。ところが井上氏に1株も株が譲渡されることはなかった。持参した7090万円については、そのまま井上氏が持ち帰った。さらに振り込んだ8100万円については弁護士を通じて5月7日に返還されたのだ。

株の売買においては、支払ったおカネを返還すればいいということにはならない。というのも4月30日のテラ社の終値は297円で、契約通りの取引をしていれば1株80円の利益が生まれている。契約を反故にしたことで少なくとも振り込んだ8100万円分、約37万3200株について約3000万円近い逸失利益を生んだということになる。

この件についてセネ社は、X氏にテラ社株の市場外取引を依頼したことも株式譲渡の事実もなく、X氏が勝手にやったことだと主張した。自らは関与していないという主張が正しければ、セネ社代表取締役印が押印された141ページの「テラ株式会社株式買取条件」は「偽造」ということになる。何より振込先としてなぜセネ社の銀行口座が指定されたのかという疑問も残る。

この怪しい動きとは別に、テラ社の株は連日ストップ高となった。そして2020年5月11日、テラ社の大量保有報告書が公表された。これによって4月27日にセネ社が、1株151円でテラ社の株122万8000株（1億8542万8000円）を取得していたことが明らかになったのだ。

翌5月12日には、鳩山氏が以下のツイートを発信する。

〈最近「Hatoyama Construction Group」と称して、私の名前を悪用し海外投資を勧める詐欺商法が出回っているようです。私には、過去も現在もこれからも一切関わりがないと申し上げておきます。万が一何かお心当たりがあれば、これは正真正銘『詐欺』です。くれぐれもお気をつけ下さい。〉（145ページ下図参照）

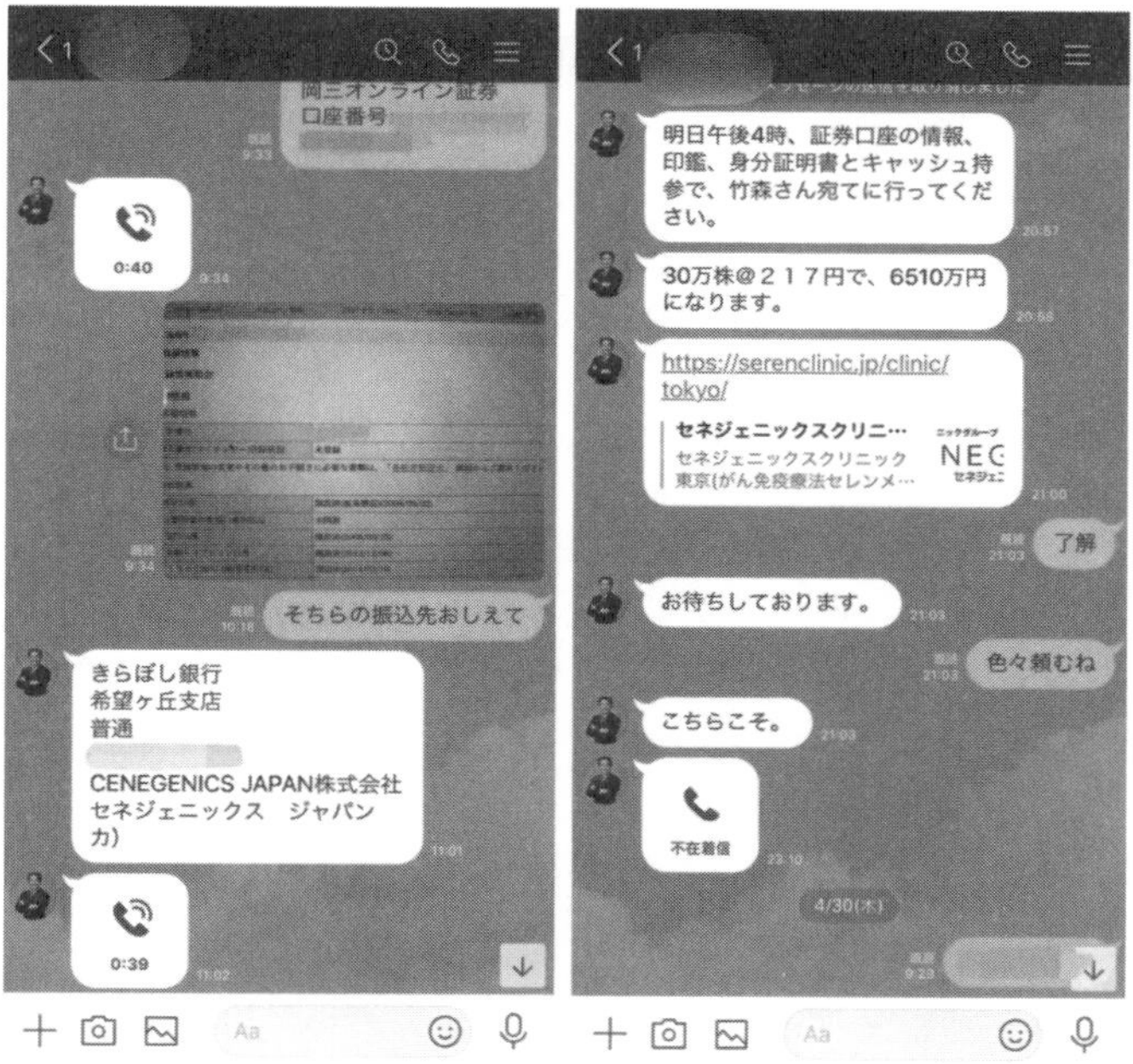

X氏とのやり取り（※30万株217円の取引で事前交渉していた）

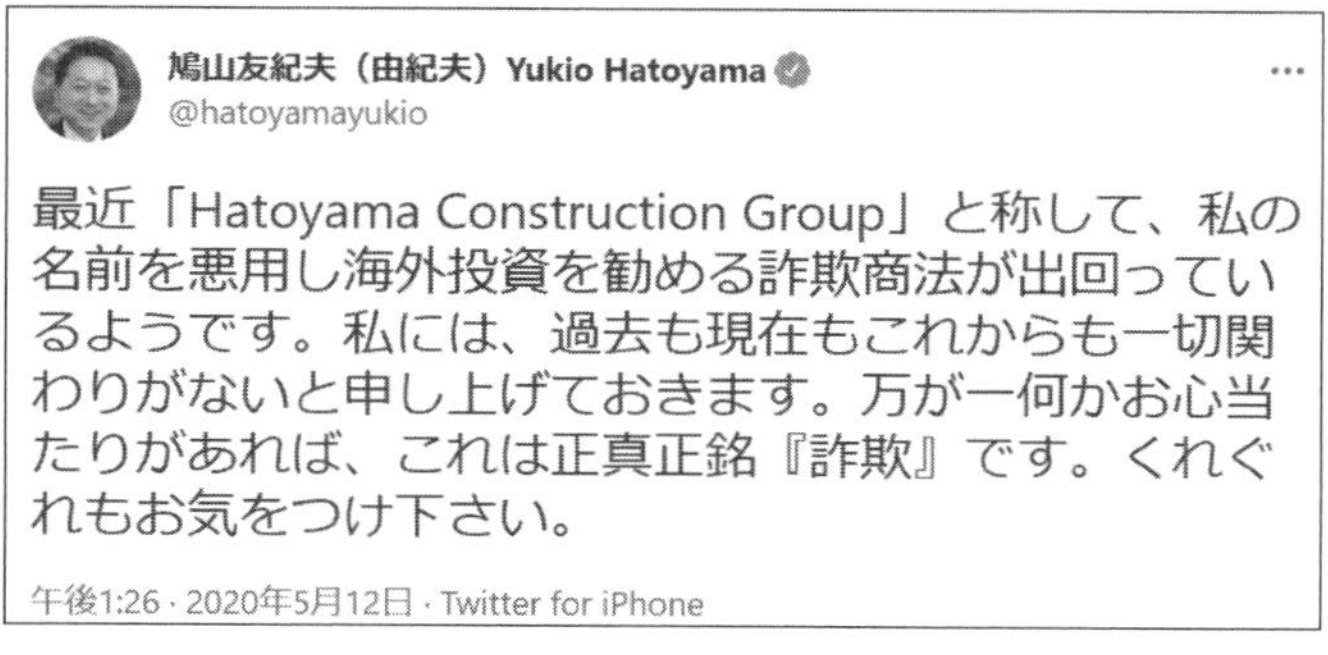

ところがこのツイートが投稿される2分前の同日午後1時24分、684円の年初来高値がついていたテラ社の株は不可解にも急落する。鳩山氏のツイートを事前に知っていた者が大量に売ったとしか思えない値動きだ。2020年5月14日に提出された変更報告書では、テラ社元社長の矢崎氏が、テラ社株を同年4月1日に売却していたなどの実に香ばしいことも発覚する。

私に対する名誉毀損

私はX氏との契約を解消。会員には事情説明と注意喚起を行い、証券取引等監視委員会に報告した。また損害を受けた井上氏はX氏とセネ社を相手に3億3000万円の民事訴訟を起こし、警視庁に詐欺罪の被害届を出した。

テラ社の株が連日ストップ高を続けていた時、私はテラ社とセネ社がテラ社株を利用して資金調達を行った内幕を、「週刊SPA!」(扶桑社) 2020年5月26日号の連載コラムで暴露した。

株式市場の公平性を守るためである。

それでもテラ社の株は上昇し続け、2020年6月9日には2175円にまでなった。同年春には１株１００円程度だったのだから、実に20倍だ。

写真週刊誌「ＦＲＩＤＡＹ」（講談社）も２０２０年６月26日号（６月12日発売）で「新型コロナ治療薬開発は本当か？　東大医科研発の創薬ベンチャー」と題して、テラ社とセネ社の治験への疑惑を報じた。テラ社はメキシコのトラスカラ総合病院で、医師、オルティス氏を責任者として新薬の治験を実施中と発表していた。だが「ＦＲＩＤＡＹ」が現地を直撃すると病院の事務員から、オルティスという医者がいないこと、また日本の会社による治験や新療法などの話を聞いていないという証言を得たのである。

「ＦＲＩＤＡＹ」発売同日、鳩山・オバマ氏が発起人の「国際新型コロナ細胞治療研究会」が「緊急告知」と題して「ＦＲＩＤＡＹ」の記事に反論した。

その４日後の６月16日には、緊急告知として「反社会的勢力から公正な市場を守る会の設立について」を発表した。

「テラ株式会社の株取引に、反社会的勢力がマスコミを利用して、株価操縦をしているとの情報が寄せられ、当社の調査で確証を得るに至りました」

として、反社会的勢力から公正な株式市場を守るため、警察ＯＢを会長にした「反社会的勢力から公正な市場を守る会」を設立。「株価を引き下げる目的の勢力が（記事の背後に）いる。刑事告発も辞さない」という。

この「反社会的勢力」が指すのは私だ。山口組系組織で組長を務めていた過去は、何度も明らかにしている。むしろ非合法になることから取引を断ったのは、私のほうだ。現在の私は一般市民で、明らかな名誉毀損である。

SNS上では、私に対する誹謗中傷がこれでもかとばかりに拡散された。だが、私は沈黙を選び、捜査の進展を待つことにした。

第三者としてテラ社の真相を明らかにしたのが、ジャーナリストの伊藤博敏氏だ。2021年3月11日に『多くの人が知らない…コロナ治療薬開発のウラで起きていた「ヤバい経済事件」の深層』を「現代ビジネス」に公表した。

記事では「主犯」として井上氏の領収書の宛先であったセナ社の取締役竹森郁氏を名指しして、事件の構造をこう明らかにしている。

〈セネ社を取り仕切り、テラを巻き込むメキシコ治療薬プロジェクトを推進したのは竹森氏である。元地方自治体の薬事担当職員を経て退職。医療法人ブローカーと出会って病院経営に手を染め、借金を抱えて行き詰まり、ハコ企業「テラ」を利用した今回の錬金術に乗り出した。

従って、スタート時から資金はなく、前述の菅原氏とのトラブルも、テラ株を利用した「タネ銭稼ぎ」を菅原氏周辺に頼ったのがきっかけだった。以降、テラ株高騰を材料に、投資家のもとを訪れ、資金調達に励む竹森氏の姿が確認されている。〉

テラ社は2020年10月28日に、セネ社宛てに約36億円の第三者割当増資を発表。しかし増資延期を重ねた末、竹森氏が融資仲介サービス「ｍａｎｅｏ」の創業者、瀧本憲治氏を頼ったという。

記事中では「事業よりも（テラの）株価を気にするセネの経営実態」に驚いた瀧本氏の、「インサイダー取引、株価操縦、偽計取引など金融商品取引法違反の他、詐欺、印鑑偽造などの刑事的な法令違反を疑うことが出来ました。それだけ経営陣は、追い詰められていたんでしょうね。26億円の資金調達がうまく行けば乗り切れていたかも知れませんが、それも怪しい金融ブローカーと組んだ茶番で、私は手を引きました」

という証言が明かされている。増資については、

〈36億円の第三者割当増資が26億円となっているのは、セネ社が10億円のテラ私募債を引き受けており、その債務の株式化を含んでいるためだ。〉

と伊藤氏は書いている。

捜査当局がついに動き始めた

２０２０年末に向けてテラ社側は崩壊へと向かう。

２０２０年12月1日、事態を重くみた東京証券取引所はテラ社に改善報告書の提出を徴求した。だが提出された報告書に不備があったことから、再提出を徴求されるという体たらくだった。

同年12月2日、藤森徹也氏がセネ社の代表取締役を辞任した。12月17日にテラ社は36億円の増資について「セネ社から１００万円の入金しかなかった」とした。8日後の25日には、メキシコ政府の承認が取れないことを理由に、事業からの撤退を明らかにした。

警察ＯＢも名を連ねたという「反社会的勢力から公正な市場を守る会」とやらも、いつの間にか霧散していた。

前出の記事中で伊藤氏は、この事件について以下の3つの容疑を指摘している（日付など、一部を補足）。

• セネ社証券口座のテラ株売買記録によれば、２０２０年8月17日に9万株（約定代金約１億円）、同年8月24日に24万株（約2億９０００万円）、同年10月7日に8万株（約７０００万円）

を売却している。当時、セネ社社長だった藤森氏はテラの社外取締役（２０２１年3月退任）であり、テラが重要事項の発表を重ねていたことを考えると、インサイダー取引にあたるのではないか。

・26億円不調達については、延期のたびにさまざまな理由がＩＲで述べられ、75億円の残高証明、26億円の振込記録（手違いがあったとして、２０２０年11月13日、セネ社に振り込まれた26億円は、同月16日、金融ブローカーに戻された）などが残されているが、これは「見せガネ」ではなかったか。であれば、風説の流布、偽計取引、株価操縦、詐欺などを疑うことができる。

・メキシコでの事業実態がＩＲ通りであったのかどうか。テラの治療法はプロメテウス療法と呼ばれ、セネ社が、２０２０年7月21日、メキシコでの薬事申請のために１００％出資で設立したプロメテウス・バイオテック社が担っており、そのうちの51％をテラが出資したことになっている。しかしメキシコ現地関係者によれば、

「プロメテウスはメキシコ投資家が出資した現地法人で、日本の資本は入っていない」

とのこと。であれば、「テラ社とセネ社が推進するメキシコ治験」という事業そのものが〝架空〟となる。そうすると、これにも風説の流布、偽計取引などの疑いが生じる。

２０２１年3月3日、証券取引等監視委員会がテラ社と役員宅など十数ヵ所をいっせいに

家宅捜索した。経営陣など関係者の事情聴取を行っており、警視庁捜査2課も同時に着手した。

こうしてコロナ禍で暴騰した「ワクチン株」を悪用した経済事件が、ようやく発覚することとなったのである。

マネーの膨張が生んだ「黒い錬金術」の解明が待たれるが、特に総理経験者の鳩山氏、大統領経験者のオバマ氏についても本件に加担したことへの厳しい責任が問われるべきではないか。

X氏を通じた竹森氏との取引を行っていれば、私は本当に反社会的勢力になっていた。2021年6月8日には瀧本憲治氏が、東京・千代田区の日比谷公園内のトイレで自殺したことが明らかになったが……。

同年7月20日には、平氏がテラ社社長を退任した。故人の冥福を心より祈る。

第5章

「王道の投資」と資産形成

「資産形成＝トレード」は大いなる「はき違え」

私にはまったく理解できないのが、コロナ禍相場において多くの人が「投資」による「資産形成」を「トレーディング」（値動きを主眼とした取引）と考えている点だ。

この異様性を明らかにするところから始めたい。

コロナ禍での金融緩和が始まったのは２０２０年３月だが、同月26日には、日経新聞電子版が「ネット証券、口座開設が急増　株価急落で初心者参入」というタイトルで、〈楽天証券では2月の開設数が初めて10万を超え、3月は2月比で3割程度増えそうだ〉と報じた。それから1年が経った２０２１年5月19日には楽天証券が、〈２０２０年12月に約9カ月で１０００万口座増となる５００万口座に到達してから、さらに加速し、過去最短の約5カ月で１００万口座増となりました〉とアナウンスしている。日経平均株価の上昇とともに新規参入者が増えたということは、参入の動機は「株価」ということになる。

そこで「株価」について考えてみよう。

前述したテラ社は「コロナ禍でのワクチン開発」という期待を力点にして成長力への信用

を膨らませた結果、株価が上昇した。そのテラ社の信用膨張に一役買ったのが、オバマ・鳩山氏である。ところが「ワクチン開発」どころか、財務など企業体質そのものに疑惑が持たれた。疑惑はテラ社の「成長力」への不信となったが、その不信を決定的にしたのが東証からの改善報告書の徴求と証券取引等監視委員会による家宅捜索だ。こうしてテラ社の株価は暴落した。

このように株価は、株を発行する企業の「成長力」への信用によって上下する。発行株式数は決まっているのだから「成長力」に対する信用が膨張すれば株価は暴騰し、不信が膨張すれば暴落するということになる。

すなわち株価を上下させる最大にして基本の原動力が「成長力」だ。企業が新しいサービスや製品をＩＲするのも「成長力」を伝えたいからだ。業績は成長の結果であり、財務は成長の健全性を表す数字に過ぎない。

成長力に対してマネーを投下する――これが株の本質だ。

ところがコロナ禍では、感染拡大防止のための移動制限で実体経済は停滞した。実体経済が活動していなければ企業は成長できない。にもかかわらず株価だけが上昇している。

コロナ禍相場の特異性を顕著に表しているのが、アメリカの航空機メーカー「ボーイング」だ。

第四世代の小型旅客機「ボーイング737 MAX」は2018年と2019年に墜落して、全世界で長期運行停止となった。その影響でボーイング社は2019年に約696億円の赤字を出す。加えて2020年7－9月期は4四半期連続の赤字となり、赤字額は約485億円だ。アメリカの航空機メーカーは戦闘機も製造している。メーカーは大規模受注によって機体を生産し、使用されることでパーツや整備などサービスを提供する。持続的に莫大な収益を生むのが戦闘機だが、世界中の国が採用するF－35はロッキード・マーティン製で、ボーイングは戦闘機の開発に負けている。2020年1－3月期には3兆5000億円だったボーイング社の有利子負債は、同年7－9月期には約6兆円まで膨れ上がった。ここにコロナ禍による移動制限が加わったのだ。旅客機はフル稼働から遠い状況になっている。

ところがボーイング社の株価は、この惨状を反映していない（157ページ「ボーイング社の株価推移」）。多くの銀行が融資をし、莫大な傘下企業を持つボーイングほどの巨大企業が倒産すれば、実体経済に与えるショックは計り知れない。

まさに金融政策が実体経済を救済しているのだ。

金融緩和によって大量のマネーがなだれ込んだ株式市場において、投資家は「企業の成長

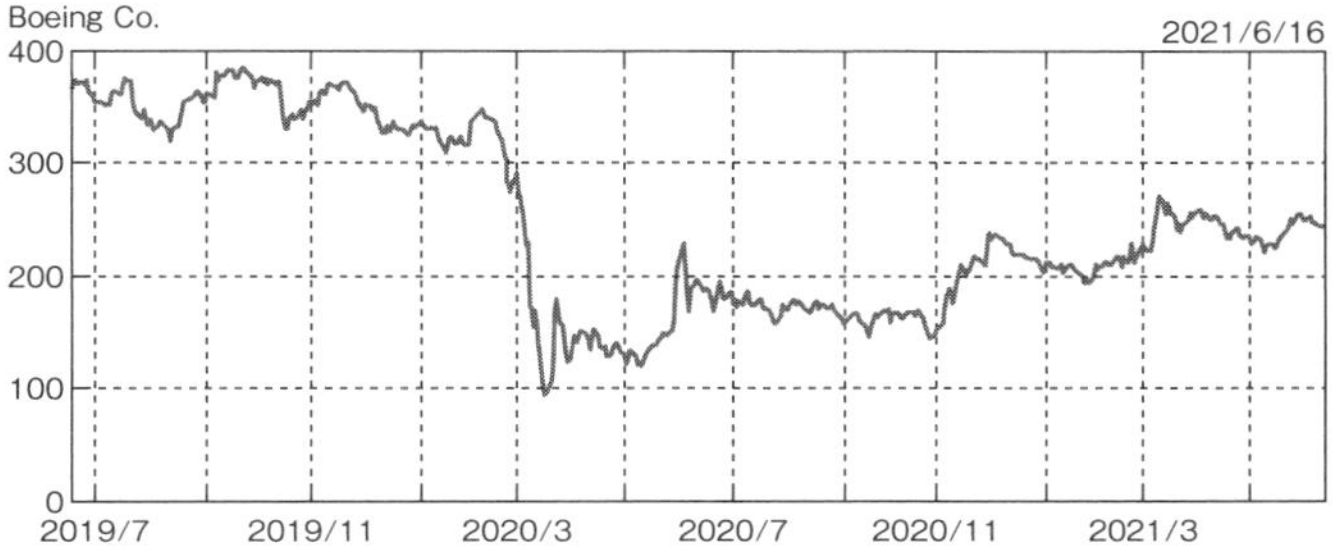

（Yahoo! ファイナンスより、単位：ドル）

ボーイング社の株価推移

力」ではなく「株価が上昇するかもしれない」という「期待」に対してマネーを投下。上昇した株価がさらに株価の上昇への期待を生んでいるのだ。したがって新規参入者の動機は「この先も株価が上がるだろう」という「ボラティリティに対する信用」ということになる。

必要なのは「王道の投資」

マネーを生むためのマネーは、その時々の思惑によって「マネーが効率的に再生産できる市場」へと移転していく。今日、株式市場にあったマネーが、明日は国債市場、その翌週頭には暗号資産、週末には為替といったように。

２０２０年12月にアメリカで新型コロナのワクチン供給が開始され、「経済回復の期待値」が高まった。回復により「急速にモノを買うだろうという期待値」が高まった。二つの「期待値」が合わさった結果、物価の上昇、すなわち「インフレの期待値」が高まった。

理論的には成長率への期待とインフレ率上昇の期待が高まると、国債の金利は上昇するとされている。この時は実際に、米国債の利回りは上昇。２０２１年２月25日のニューヨーク市場では、10年米国債利回りが、一時的に一年ぶりの高水準となる１・６１４％に達した。

一方で中央銀行のインフレ抑制策はテーパリング（金融緩和縮小）だ。実行されれば一気にマネーは収縮する。この時もテーパリング期待によって、株式市場が一段と冷えるなど金融市場が混乱することになった。そこで２０２１年２月23日には、ＦＲＢ議長のジェローム・パウエル氏が米上院の公聴会で、

「完全雇用が実現し、インフレ率が２％に上昇し、当面２％を若干上回る水準で推移する軌道に乗るまで、金利をゼロ近辺に維持する」

と、金融緩和が長期化することを示唆。この「神託」のおかげで市場は一時的な落ち着きをみせた。ＧＤＰ上昇やインフレ率上昇という「形」ではなく「たかが言葉」がマネーの信用を回復させたということだ。

株式市場が高値で維持されている原因はマネーのボリュームだ。ところが肝心のマネーはさまよっているのである。ゆえにわずかなショックで乱高下する。

ビットコインの項では相場がイーロン・マスク氏など「クジラ」の発言で左右されることを解説した。イーロン氏の一言で10％以上も値動きをする投機商品ほどではないにせよ、金融の優位性がマネーの大量保有者にあるという構図は変わらない。２０２１年６月初旬にも大量のマネーが国債市場へと移った。株を中長期で保有していたアメリカの富裕層が、暗号資産や株よりリスクの低い国債に資産を移転したことが原因だ。

多くの一般投資家のメンタルは「一銭でも損をしたくない」というものだ。ボラティリティに基づいて株式市場にマネーを投下していれば「上がれば買い、下がれば売り」という、トレーディングの繰り返しとなる。

これでは「ＦＩ」（Financial Independence ＝金融的自立）ではなく、「ＶＳ」（Volatility Servant）すなわち「ボラティリティの奴隷」ではないか。

一般投資家はプロではないのだから、仕事や生活をしながら投資を行うことになる。そうした日常に「恒常的な値動きのチェック」が加わるのだ。それは現在ある「豊かさ」を奪うことではないか。

豊かさを維持しながら資産形成をするには「株価への投機」ではなく、「王道の投資」を学んでから参入するべきだというのが私の主張である。

「王道の投資」とは中長期で力強く成長する銘柄への投資だ。そのためには「ボリューム」「情報」「感性」の3要素の連動が必要だと私は考えている。

投資家としての私は今回のコロナ禍市場で高みの見物のポジションを維持している。というのは、私は「資産形成」をすでに終了しているからだ。私のポートフォリオを支えるのは、「日産」「テスラ」「アップル」の株である。私が3社の株を選んだ時の思考プロセスから、「王道の投資」を理解して欲しい。

日産株・テスラ株推奨に浴びせられた罵声

日産自動車の会長だった、カルロス・ゴーン氏が東京地検特捜部に金融商品取引法違反容疑で逮捕されたのは、2018年11月19日のことだった。以降、日産株は続落を続けたが、私は日産株を買い続けた。後出しという批判は成り立たない。そのことは2019年5月9日に「現代ビジネス」に掲載した『元経済ヤクザの告白「私が2億の損失を抱えても日産株に期待するワケ」』で確認できる。

それ以降も日産株は下落に次ぐ下落を続けた。インターネットで株取引を行う個人投資家は、ネットとの親和性が高い。SNSには「現代ビジネス」の原稿をコピペしながら私の日産株推奨を嘲笑《あざわら》う投稿や、私に対する誹謗中傷が長く繰り返された。

だが私は「日産株」について沈黙した。理由は逃避でも、反論が面倒だったことでもない。「日産株」を刺激せず下落するほうが、株を買い続ける私にとって都合が良かったからだ。仲間内では含み損の責任を私に求める人もいた。そうした人の株を購入したことさえもあった。

同様のことはテスラでも起こった。

２０１８年、知人の運転する同社製「モデルＳ」に乗車して私とテスラは出会った。まず驚いたのが、精緻なボディラインが描き出すカーブだ。思わず「美しい」と漏らしたが、所有者によればそれはミクロン単位で加工されており、空力性能を表すＣＤ値は市販車最高レベルの０・２３を実現しているという。内装も豪奢でいながら落ち着いていて、運転席は最新鋭の戦闘機と同様に、アナログメーターではなく液晶ディスプレイによるガラスコクピットとなっていて「無駄」が一つもない。

モーターとシャシー（車体）という単純な構造から、電気自動車を「大きなリモコンカー」と揶揄する声がある。だがモデルＳは、経済ヤクザの現役時代を含めて私が知るあらゆる高級車に匹敵あるいはそれらを凌駕《りょうが》していた。少し先の未来が実現した在り方は近代アートそのものだ。感動を覚えた私は、その半年後、テスラ社への投資を決意する。

まさに「感覚」という「感性」から出発した投資だ。

テスラ社のCEO、イーロン・マスク氏は舌禍事件を度々起こすことで知られているが、誤解を生むツイートで投資家を惑わせたとする証券詐欺罪でSEC（米証券取引委員会）に提訴されていた。2018年9月に和解へ動くが、CEO退任の観測から1株300ドルを推移していた株価が250ドル前後まで急落。そのタイミングで知人は私の勧めで約5億円分を購入した。

その後、テスラ社の株は再び300ドルを超えて推移していたが、2019年4月に第1四半期（1～3月）の決算発表でテスラ社のキャッシュ不足が明らかになる。同年5月には20億ドルの増資を発表するが、CEOが従業員に送った、

「本当のところ、これだけ調達しても、第1四半期の赤字の出し方を考えればおおよそ10ヵ月で使い果たす計算になる」

というメールがSNSに流出。危機を感じた投資家が株を手放し株価は180ドル前後まで急落する。

この時、慌てた知人の秘書氏は私に電話をかけてきて辛辣《しんらつ》な罵声を浴びせた。だが、私の

確信は揺るがず、「必ず上がる」「むしろ買うべき」を繰り返す。

そして2019年10月、テスラ社の上海工場が稼働を開始すると、株価は20％ほど上昇。そのまま年明けまで上昇に次ぐ上昇を重ね、2020年2月4日には、一時969ドルを付けた。2020年1月に時価総額1000億ドル（約11兆円）を突破。創業たった16年にして、自動車メーカーではドイツのVW（フォルクスワーゲン）を抜いてトヨタに次ぐ世界2位となった。

知人は約14億円をゲインしたことになるが、再び秘書氏から電話がかかってきた。お礼の一つも贈ってくれるのだろうかと電話に出てみると、「なんで教えてくれなかったんだ！」という怒りの声だった。聞けば700ドルの時に売り抜けてしまったのだという。

秘書氏の話をあえて出したのは悔しさからくる揶揄ではない。この姿こそ、私が「素人」と呼ぶ一般投資家のそれだからだ。

2021年7月現在でこそ「脱化石燃料車の普及」はリアリティを持たれるようになったが、日産株、テスラ株を購入していた時期、「自動車のEV化」は「絵空事」と思われていた。というのもEV開発は転落の歴史だからだ。

ＥＶの歴史が生んだ「不信と革新」

ＥＶ開発の歴史自体は古い。１７６９年に蒸気自動車が発明され、19世紀半ばには駆動エネルギーの多様化が起こる。その時、石炭、石油と並んで、すでに「電気」は自動車のエネルギー源の一つだった。

「博士」の敬称を持つフェルディナント・ポルシェが最初に考案した自動車「ローナーポルシェ」もＥＶで、１９００年のパリ万博で展示されている。ところがフォードの創設者、ヘンリー・フォードが１９１３年にベルトコンベアによるライン生産を完成。廉価で高性能なガソリン車「Ｔ型フォード」の登場で、世界の自動車市場は一気にガソリン車に寡占された。

構造がシンプルで生産性が高く、出力ではガソリン車に引けをとらないＥＶだが、最大のネックとなったのはバッテリーの重さと容量だ。

70年代に二度オイルショックが起こると一回目の「ＥＶ元年」が起こった。オイルショックで「省エネ」が叫ばれるようになった。その結果、ガソリン車は素材技術の革新による車体軽量化や、燃焼効率を急速に進化させる。そのうち原油価格の値下がりによってＥＶブームは鎮火した。

二回目の「元年」は１９９０年だ。

カリフォルニア州で一定台数を販売するメーカーに排気ガスゼロの自動車販売を義務付ける「ＺＥＶ（ゼロエミッション・ビークル）規制」が施行された。翌年に湾岸戦争が起こり原油価格が高騰したことからメーカーはＥＶ開発に乗り出したが、原油価格が安定するとブームは再び収束する。

三回目は２００９年にバラク・オバマ氏が大統領に就任して「グリーン・ニューディール政策」を掲げた時だ。

この政策はもちろん「環境保護」という綺麗事が名目ではない。当時アメリカは石油を輸入に頼っていたが、そのために莫大な軍事費を使ってシーレーンを確保していた。狂信的な財政均衡主義者のオバマ氏は、これを嫌って石油から電気へのエネルギー転換を図った。「ニューディール政策」は、１９２９年の世界恐慌からの脱出を目指してアメリカがとった政府による雇用創出政策だ。「グリーン・ニューディール」ではエネルギーの転換過程でソーラー発電や風力発電、原発の新規建設、さらには老朽化した送電施設の入れ替えなどにより雇用も創造できると目論んだ。

しかしシェールガスの採掘が本格化し、アメリカは世界一の原油産出国となる。２０１２

年の大統領選ではオバマ氏自身が「グリーン・ニューディール」を口にしなくなるという間抜けなオチとなった。

こうして「EV元年」は三度鎮火した。その結果、「EV実用化」は狼少年化し、常に疑惑が持たれるようになった。だが、「グリーン・ニューディール」政策ではオバマ氏自身が想像していなかった「革新」の芽が生まれていたことはあまり知られていない。

そのきっかけは、リーマン・ショックである。

2008年からのリーマン・ショックの影響でGM、クライスラーは連邦倒産法第11章の適用を受け、フォードも破産直前の深刻な経営危機に陥った。「デトロイト3」と呼ばれる3社は構造転換を迫られ「グリーン・ニューディール」に飛びつき「EV」の開発を始めた。

この時、EV開発に参入したのが「テスラ」や「日産」である。日産が日本で初めてEV車「リーフ」を販売できたのは、先行投資と先行開発の成果だ。

私は「ビッグ3」「日産」、「テスラ」がEVに向かったという情報を、信頼性の高いところから入手していた。それが日産株、テスラ株購入を支えた。

歴史を振り返れば、いずれの「EV元年」も「原油価格」の影響でゼロになった。石油と対抗する上でバッテリーがネックとなることは、ポルシェ博士の時代から変わらなかったからだ。しかし1991年にソニーが商品化したリチウムイオン電池が2000年から高容量化し、2009年頃からHV（ハイブリッド車）に搭載できるまでになる。オバマ氏の政策自体は失敗したが、バッテリーの技術革新とリーマン・ショックの恩恵でEVがガソリン車に近づくことになったのだ。

訪れた「EV元年」の正体

現在、日本国内にはHV、充電可能なHV（PHV）、EV（電気自動車）、FCV（水素による燃料電池車）の4種類の「電動車」が存在する。2020年12月10日、経済産業省は2030年代半ばに国内の新車販売をすべて「電動車」とする目標設定に向けた議論を始めたことを発表した。

経産省による「電動車」発表翌月の2021年1月には、バイデン政権が誕生。ジョー・バイデン氏は2020年大統領選の期間中から排ガス規制見直しを訴えていた。経産省の発表もバイデン政権によるEV政策を睨んでのことである。自動車製造は日本の基幹産業なのだから、経産省の発表には日米の国家戦略が絡んでいるということだ。

そうした状況を分析した上で、2021年が「EV元年」となると私は確信している。歴史的な経緯から眉に唾をたっぷり塗る人も多いだろう。そこで根拠を示したい。過去と今回の違いは、「原油価格」だ。

2020年の新型コロナウイルス感染症により世界の原油価格が冷え切っている中で、「電動化」へ向かったのは、EVの開発史上、初めてのことだ。

前述したようにリーマン・ショックをきっかけに、アメリカの自動車メーカーは電動車への「優位性」を持っている。「テスラ」については言うまでもないが、2016年10月には、GMが軍用のFCV「シボレー・コロラドZH2」を完成させ2017年から米軍がテストを行っている。

アメリカの自動車メーカーが、製品を今すぐ電動車生産に切り替えることができるというのは、感度の高い投資家の常識だ。

2019年8月にはハーレーダビッドソンが電動バイクを発売。アメリカの伝統が無音のEVを発売したのだから、大事件である。欧州でもBMWとプジョーが小型車を、ベンツとアウディがSUVを発売している。2020年5月にはポルシェがEV「タイカン」を発売し、フェラーリは2025年以降にEVを投入する予定だ。

電動車の中ではＥＶが主力になると私は予測している。水素は爆発の危険性が伴うので、インフラも含めた設備投資は莫大だ。ＥＶは既存の送電インフラを利用できる上、日本では原発を再稼働できるメリットもある。

アレルギーを起こす人も多いかもしれないが、原発は発電施設ではなく巨大な経済施設だ。ウランの加工から廃棄物の処理、維持、廃炉に至るまで莫大なコストを使っても、安く電気を生産できる。そうしたコストが地方を潤わせ経済を活性化させることから、田中角栄は「金の卵を産む鶏」と呼んだのだ。再稼働さえすれば水素よりも効率的にＧＤＰを押し上げる――まさに「ニューディール」ということがＥＶ統合の根拠の一つである。

現在日本のＥＶでは、日産が先行している。ホンダも２０２０年10月に「Ｈｏｎｄａｅ」を発売したが生産量が限定的で、マツダは２０２１年１月にＥＶを発売というお寒い状況だった。

しかし、２０２１年４月23日、ホンダの新社長となった三部《みべ》敏宏氏による会見が行われた。三部氏は同社の四輪事業について２０４０年までにＥＶまたはＦＣＶの販売比率をグローバルで１００％とすると発表したのだ。２０２１年６月４日にホンダは、栃木県真岡《もおか》市松山町のエンジン部品製造工場を２０２５年中に閉鎖すると発表した。

ホンダが電動車に向けて舵を切ったということだ。

日本メーカーの動きが遅すぎる印象を受けるかもしれないが、ＥＶのキーデバイスであるバッテリー技術において日本は圧倒的優位性を持っている。リチウムイオン電池は爆発の危険性がある不安定なものだが、密閉した潜水艦に搭載しているのは日本だけだ。また２０１８年に世界で出願された電池技術の特許のうち実に約３割を日本が占めている。モーターの世界最大手も日本電産だ。ＥＶについては批判的なトヨタだが、グループのアイシンとデンソーは共同出資して、２０１９年にＥＶ開発の会社「BluE Nexus」を設立している。経産省の発表は勝算を読んだ上での「新国民車構想」といえるだろう。

「ＥＶ株」は「バイデン銘柄」なのか

排ガス規制を公約にしたジョー・バイデン氏が２０２０年アメリカ大統領選を勝ったことで、「テスラ」と「日産自動車」の株価は上昇を続けている（１７１ページ図「テスラ・日産の株価推移」を参照）。

私を揶揄し罵倒した「素人」たちが、慌てて買いに走っているということだ。

こうした「素人」に決定的に欠落しているのが「時間軸」だ。株価が上下するのは当たり

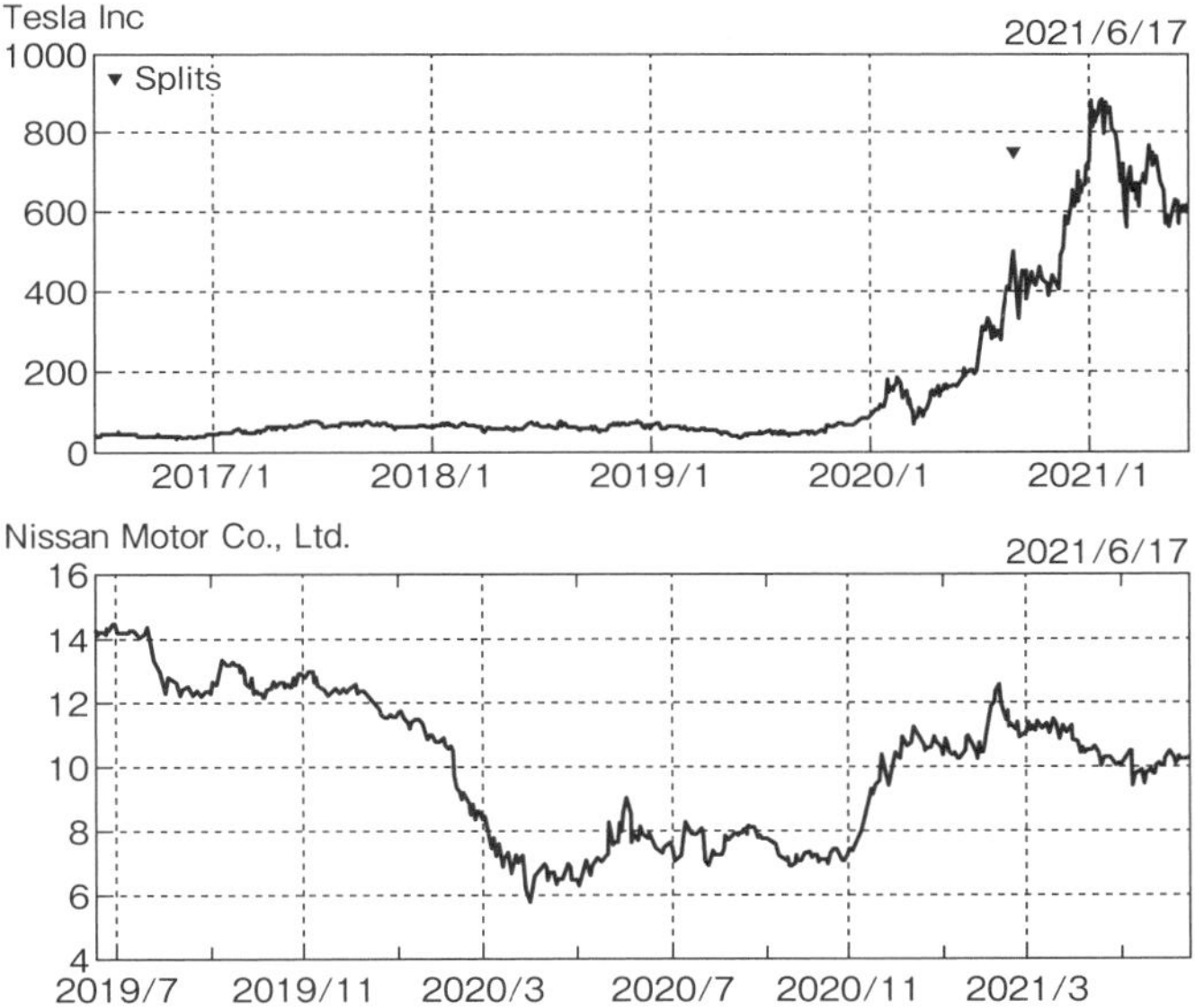

（Yahoo! ファイナンスより、単位：ドル）

テスラ（上）・日産（下）の株価推移

前で、「秒」「分」「時」「日」で見た場合と、「月」「年」で見た場合では、ゲインの規模が違ったものになる。「素人」の最大の欠点はここで、まるで何かに呪われているかのように「株安」を嫌悪する。「日産株」が1円でも下がれば慌てて売るのだろう。

「株価」は「価格」で見るのではなく、「状況」で見なければならない。「EV株」は「バイデン銘柄」とされるが、その呼び名に私は疑義を持っている。「状況」を整理しよう。

バイデン氏勝利時には2020年1月からのコロナ禍の経済的影響が深刻化するプロセスにあった。感染拡大防止のために経済が停止してもスーパーが混雑するように、生活必需品の需要は落ちないどころか伸びる。日本でも交通網が充実している首都圏を除けば「自動車」は生活必需品だ。ましてや世界では「自動車」の日常生活に対する価値は落ちない。金融緩和によって、世界には行き場をなくした巨額のマネーが漂っている。マネーを集めるには「材料」が必要だ。

そこで「エンジン」について考えよう。

熱を運動エネルギーに転換するのが石油を使った内燃機関だ。「省エネ」とは熱効率を上げることなのだが、70年代に約30％だった熱効率は約40年経って約10％の上昇を達成した。現在、メーカー各社はＨＶ（ハイブリッド）や過給器（ターボ）などを利用して50％を目標にしている。

熱効率上昇の技術は大変な成果なのだが、内燃機関の構造上、その技術は成熟して、すでに「限界」が見えているのである。対して「機構が単純」とされる「ＥＶ」だがバッテリー、モーター、変速機などの効率的な「最適解」にたどり着いていない。「正解」が見えていない物のほうが開発余地が大きいのは当然だ。そして、それは行き場をなくしたマネーを集める格好の「材料」になる。

すなわち「成長力」があるということだ。

「コロナ禍」と「バイデン」のコンボはEV株を急速に押し上げる材料ではあったが、そうでなくても限界の見えたエンジンから、モーターの開発へと向かっていたのだ。

ここで誤解してはならないことがある。EVは、しばらく先の未来まで環境問題改善に「一つも寄与しない」ことだ。バッテリーを作り、充電し、廃棄するだけでもガソリン車以上に環境を汚染する。さらにEVの利便性についても「現段階」では極めて限定的だ。広大な欧米で長時間の充電を繰り返しながらの移動など考えられない。「深夜に充電して、空いているスタンドを探して――」とメーカー側は言うが、自動車のためにライフスタイルを変更するなど本末転倒だ。

そもそも環境問題も利便性も私には興味がない。マネーの世界に生きる人にとって「環境」などは刺身のツマ程の価値もない。そんな「意識」はハリウッドのセレブに任せておけばよいのだ。

ヨーロッパの自動車市場でEVが占める割合は約8%、日本では1%未満だ。このニッチな市場が拡大する時、莫大なマネーが動く。この流れが「コロナ」と「バイデン」をきっかけに形成されたということだ。「EV元年」とは全車「EV化」に向けた「元年」ではなく、「EV」のシェア拡大に向けてマネーが動き始める「EV投資元年」なのだ。

私が「テスラ」「日産」の株を購入した理由は、強い成長力を持った企業であることに尽きる。「コロナ禍」と「バイデン」の組み合わせで大きく株価が上昇したことも「おまけ」に過ぎない。

企業の「ドラマ」こそ銘柄選びの条件だ

私のポートフォリオを支える、もう一つの銘柄「アップル」について解説したい。

１９９５年のウィンドウズ95の爆発的なヒットにより、「Wintel」連合に市場を寡占されたアップルは、この時期、新型ＯＳ開発の失敗などで、あと90日で倒産という状態まで追い込まれる。１９９７年にスティーブ・ジョブズが復帰し、１９９８年に半透明という衝撃的なデザインの「iMac」を発売。２００１年には売り上げを疑問視されながら発売した「iPod」が爆発的なヒットとなる。２００７年には「iPhone」を発売し今日に至っている。

こう列挙すれば「アップル」が、ドラマチックな「ヒストリー」を持っていることが理解できるだろう。私が銘柄やファンドを選ぶ時に重視するのは、「現在の利益」より「ヒストリー」だ。その銘柄が何を原資にして、どのようにショックを生き抜いてきたのかなど、「美しく刺激的」なドラマがあることが投資対象候補となる要素だ。

そこに魅力がなければ、私の食指は動かない。

ヒストリーという土台の上にあるのがユーザーに提供されるサービスの質だ。「iMac」「iPhone」などデザイン性がアップル製品の特徴だが、クオリティは圧倒的にユーザー側に立っている。その顕著な例が「iPhone」だ。２００７年の発売当時、すでにいくつかの大手日本メーカーもスマートフォンを開発、販売していた。

手の中に通信とＰＣの機能を持たせたスマートフォンの発売当初のキモは、情報処理速度でもカメラの画素数でもなく、バッテリー持続時間だ。理由はシンプルで、どれほど高性能でもバッテリーが切れればただの金属の塊となるからだ。だが、バッテリーの持続時間がユーザーをバカにしているとしか思えないほど短かった。

それを打ち破ったのはiPhoneだ。アップルだけがスマートフォンの本質に気がつき、「持続時間」というユーザー側に立ったユニークな特徴を持たせたということになる。iPhoneを触った瞬間、ユーザー側に立った技術の取捨選択に、私は感動さえ覚えた。

もう一つ特筆すべきアップルの特徴は、宣伝戦略にある。収益構造の６割ほどを占める

iPhoneについて、「iPhone」というブランドのみを周知する。これはCHANELやHERMESといったトップブランドの服飾メーカーが行っている広告戦略だ。こうした企業の広告は、製品ではなく「ブランド」を宣伝する。「周知するまでもなく高品質」という自信の表れだ。顧客はマスではなく、高くても買うニッチでいいという販売戦略も伝わるだろう。

マスを顧客とするファストファッションのメーカーにはトップブランドのデザイナーや素材を使っているところもあるが、そこを売りにしても「ブランド」価値がトップブランドと同様になることはなく、ただ製品の価値が上がる効果しかない。

「ボリューム」「情報」「感性」が投資に必要な3要素

iPhoneのライバルはAndroidをOSにした連合だ。連合側がいくらアップル的な広告戦略をとっても「多くの中の一つ」となってしまうだろう。iPhoneは唯一無二の存在だからこそブランドに訴えることができるのだ。同時にそれは製品にミスがあった時、ブランドイメージごと失墜するリスクを負っているということだ。ブランドと品質の維持がシナジー(相乗効果)となってアップルを支えている。

何よりアップルの瀟洒《しょうしゃ》な広告は私のアートに対する感性を強く刺激する。こうした企業こそ投資対象とするべきだ。

さて、アップルについての私の解説を聞いて、首をかしげるどころか憤慨する人も多くいるのではないだろうか。普段であれば冷静に合理性を追求する私が、「美しく刺激的」「アート」などとかなり抽象的な表現を多く用いているのだから。

もちろんこれは意図したものだ。その真意は「王道の投資」にある。

コロナ禍相場における新規参入者の動機は変動する株価だ。現在では機関投資家の多くが「AI」を所有している。同じ生息域で同じ方法をとれば、資本力が大きな側が、資本力が小さい側を「養分」とするのは目に見えている。

本質的な投資は企業が将来成長することによるリターンを期待して行う。すなわち、株価は企業の成長力に対する信用が作り上げるということになる。「日産」「テスラ」いずれの株も値下がりをするたびに買い足した。機関投資家レベルの資金ボリュームがあったからできたことだ。

一時的に株高となる企業はあるが、持続して成長力のある企業の株を中長期で大量に保持することにはかなわない。

もちろん株売買による利益「キャピタルゲイン」は、配当などの利益「インカムゲイン」より大きい。しかしキャピタルゲインは成長力のある企業でしか持続的には生まれない。ボリュームさえあれば、キャピタルゲインは充分なリターンになる。

「成長力」について「成長力は数字で読み取れる」という妄信があるが、はたしてそうだろうか。その「数字」はあくまで過去から現在までのもので、将来を保証するものではない。また数字によって成長が共有されれば多くの投資家が集まることになり、リターンは減る。

大きなゲインを得るために必要なのは、知られざる成長力を持ちながら誰からも注目されていない企業だ。アップルの成長については「ヒストリー」「オリジナリティ」「ブランド」の3点で解説したが、こうした企業の成長力を根底から支える要素を私は「魅力」と呼んでいる。

実は成長力とはその企業の「魅力」に他ならない。

はじめにあるのは「魅力」であって、数字はその魅力の表現でしかない。強い「魅力」を感じ取るからこそ、成長を確信して長い時間軸でも株価の上昇を待つことができる。企業の「魅力」を感じ取る要素こそ「感性」だ。より科学的に呼ぶならば「直観」ということになる。その感性を出発点にして、理性的・合理的に企業を分析するのが「王道の投資家像」

だ。カール・マルクスが『ゴータ綱領批判』で掲げた「能力に応じて働き、必要に応じて受け取る」ではないが、

「感性に応じて企業を選び、必要に応じて理性を駆使する」

というのが銘柄選択の「基《もとい》」だ。

「日産」「テスラ」「アップル」には、「ボリューム」「情報」「感性」という、私が考える「王道の投資」に必要な3要素がすべて凝縮されていることが理解できたと思う。

「資産形成」の最良解

暗号資産は博打、コロナ禍相場のボラティリティにこだわってもダメということは、「投資は無駄」なのだろうか。そうではなく、「王道の投資」ならするべきだというのが私の主張だ。

私は一般の人の台所事情をよく知らない。「投資」は必ずリスクを負う。というのはどこまで突き詰めても「未来」が不確定だからだ。今すぐ用意できる現金が100万円程度なら投資などしないほうがいい。あえてリスクを負うくらいなら見過ごすことのほうが、よほど得だからだ。おカネが余ったら本でも買って、人生を豊かにしたほうがよほど有効な投資で

ある。

とはいえ皆さんは、この本を購入した時点でアドバンテージを保有している。ロビンフッドの項で明かしたように無料のものには、必ず「からくり」がある。おカネを支払ってでも情報を得ようとする人は、無料で情報を得ようとする人よりはるかに投資向けのメンタルを持っていると言えるだろう。

私が1000万円程度の投資には興味を持っていないことは事実だ。ましてや私はFP（ファイナンシャル・プランナー）でも何でもない。ただし、「平均的な皆さん」を想像しながら、資産形成モデルを構築する思考のゲームは興味深い。リスクがあるがゆえに投資の世界に最適解は存在せず、求めることができるのは最良解がせいぜいだが、実現可能な「解」を求めてみたい。

皆さんの多くは銀行におカネを預けているだろう。預金口座を持つことでクレジットカードを所有し、キャッシュレスで支払いを行うことができる。預金とは預金者が銀行におカネを貸しているということだが、その債権は街中いたるところにあるATMで24時間、現金化できる。また倒産しても1000万円までなら預金保険機構が保証してくれるのだ。

銀行のメリットは「利便性」と「安全性」にある。

ところが長く日本はゼロ金利政策のまっただ中にいる。２０２１年7月5日現在のみずほ銀行の普通預金の金利は０・００１％、定期預金は０・００２％となっている。さらに、２０３７年12月31日まで、受け取る利息から20・３１５％の税金が引かれるのだ。

金融機関におカネを預けても受け取れるリターンはほぼゼロと考えてよい。

資産形成を行う上での最良解の一つが銀行レベルとまではいかないながらも「利便性」「安全性」を維持しながら、「銀行よりまし」なリターンを得るということになる。

現在、日本という国家が抱える難問の一つが「年金問題」だ。

１９５９年に国民皆加入の国民年金制度ができ、しばらく老後をユートピアにした。老後の生活保障が有権者の支持を集め、安定した政権を維持する。「年金」を軸にした有権者と政権のシナジーが維持されているからこそ、「年金の負の情報」に強いアレルギーが起こるのだ。

だが日本でも先進国が平等に陥る「少子高齢化」が起こる。内閣府の２０２０年版「高齢社会白書」によれば、１９５０年には65歳以上１人あたり12・１人の15〜64歳の生産者がいた。だが２０１５年には１人に対して２・３人。２０６５年には１人に対して１・３人という比率になる。政府も「高年齢者雇用安定法」を改正して、生産年齢の拡大を行っている。

２０２１年には「65歳」まで事実上の定年を延ばし、２０２１年4月からは「70歳」へと引き上げた。

基準の引き上げによって生産人口を増やし、年金の受給年齢を引き上げても、問題の本質は変わらない。

誰の目にも「年金破綻」が明らかな人口比なのだが、政府が「年金破綻」を口にすることはない。そんなことをすれば、若年世代は年金を支払わなくなり制度崩壊がますます現実的になる。政権が倒れることも確実だが、誰がやったところで状況は変わらない。

ところで厚生労働省は２００１年から個人型確定拠出年金制度を導入。２０１７年からは、「ｉＤｅＣｏ」に名称を変えて窓口を大幅に広げた。また金融庁は２０１４年から少額投資非課税制度「ＮＩＳＡ」(Nippon Individual Savings Account の略)を、２０１８年からは「つみたてＮＩＳＡ」を開始した。

銀行ほどではないが「ＮＩＳＡ」「つみたてＮＩＳＡ」については現金化もできる。「ｉＤｅＣｏ」は年金として積み立てた資産、「ＮＩＳＡ」は個人資産を、各個人が金融商品で運用する。両制度に共通する特徴が税制優遇だ。例えば株式で得た運用益には約20％の税金が、暗号資産においては最大55％もの税金がかかる。

金融資産では手数料など諸経費を超えなければリターンを得られないのに、そのリターンには常に税金が発生するということだ。この「納税分」を逃れるために、合法、非合法のさまざまなスキームが生み出される。税金を巡って投資家と行政は常に戦っている。

ところが「iDeCo」「NISA」においては国家が勝負を放棄しているのだ。これは「官製脱税」制度だ。納税は国民の義務なのだから、本来これは異常なことである。

アメリカの「絶対性」

異常なことをしてまで、資産形成の制度を作った背景には、国家のマネーの問題があるとしか思えない。そのマネーの問題こそ年金だ。「是非、脱税をして年金の代わりになる資産を、ご自身で作ってください」という政府側の暗黙のメッセージと見るべきだろう。

そう考える根拠の一つが2019年6月3日に金融庁が発表した「95歳まで生きるためには夫婦で約2000万円の金融資産取り崩しが必要だ」とした報告書だ。自営業者が30歳から60歳まで「iDeCo」に毎月6万8000円を積み立てると総額は2448万円となる。NISAは年120万円が限度でもロールオーバーすることで最大1530万円の非課税枠を使うことができる。2021年から開始しても、2024年から開始する「新NIS

A」へと移し替えることも可能だ。

これらの制度の最大額が2000万円に極めて近く設定されていることは、偶然だとは考えられない。「老後2000万円問題」の時にも強いアレルギー反応が起こった。恐ろしい現実を見たくない心理が機能したのだが、合理的に整理すれば、おそらく2000万円は現実的な数字だろう。その危機感があるからこそ「官製脱税制度」が生まれ、到達点が2000万円に設定されていると考えるべきだ。

「つみたてNISA」は年40万円が限度だが、金融商品を金融庁が選んでくれているという恐ろしく親切な制度だ。若年層を「つみたてNISA」でフォローし、「NISA」に移行させるという思惑があるとしか思えない。

リスク救済への過度な期待は禁物だが、いずれの脱税制度も「官製」だ。すべての利用者が破綻するような巨大なショックが生まれた時には、「救済」が行われる可能性もある。

問題なのは「官製脱税制度」を使って何に投資するのかという点だ。

私の主張を聞くと「ボリュームがない」「情報を得ることもできない」「感性も自信もない」という声を聞く。だからリアリティが持てないという。だが「ボリューム」がある富裕層は「情報」と「感性」をカネで買うのだ。つまり「情報」「感性」の所有者に「ボリュー

S&P500にみる過去の株価ショック

期間	最大下落値	要因
1968年11月〜1970年6月	−33%	ベトナム戦争
1972年12月〜1974年9月	−46%	オイル・ショック
1987年8月〜1987年11月	−34%	ブラックマンデー
2000年3月〜2002年10月	−49%	ITバブル崩壊
2007年10月〜2009年3月	−56%	リーマン・ショック
2020年2月〜2020年3月	−34%	コロナ・ショック

ム」を預けて運用させるのである。

そこで「ボリュームを作る」ということになる。多くの人は「ボリューム」を「銀行」に預けている。ゆえに「銀行よりまし」ということを導き出したのだ。

「銀行よりまし」という考え方に基づけば、私ならアメリカの株価指数である「S&P500」だけを選ぶだろう。1941〜1943年における平均株価指数を10として、1957年3月4日にスタンダード&プアーズにより算出されて現在に至る歴史のある株価指数だ。

ブルームバーグのデータを基にして楽天証券経済研究所が2021年4月7日に作成したデータによれば、S&P500は1991年から12・4倍に成長し、年率平均リターンは9・3%になっている。185ページ「S&P500にみる過去の株価ショック」にあるように「S&P500」は1957年以来、6回大幅下落をしている。その時どうすればいいのか——

私が「日産」「テスラ」で行ったように下落した時は、買い足せばいいのだ。

Ｓ＆Ｐ５００は時価総額ベースではアメリカ株式市場の約80％をカバーしている。すなわちＳ＆Ｐ５００が持続的に下落するということは、アメリカが潰れるということだ。アメリカが潰れるということは、現在のドルを中心とした金融制度が崩壊するということだ。その時、蓄えたマネーの価値は担保できなくなるのだから、金融資産自体に意味がなくなる。

こういうと「トレードすればもっと儲かる」という反論がある。断言してもいいが個人投資家の持つボリュームでは、長期の結果はたいして変わらない。むしろトレーディングするほうが分が悪いとさえ読んでいる。重要なのは銀行同様に「黙って預けとけばいい」という感覚だ。

また「官製脱税制度」の他に資産形成をしたい、あるいは「官製脱税制度は使いたくない」という人もいるかもしれない。もっとも簡単な方法は、海外の銀行にドルで積み立てることだ。海外には利息10％の銀行がいくらでもあるし、「ドル」で資産形成できるのだ。こんな有利なことはない。１０００万円程度の運用なら、私は株など買わずに間違いなく海外銀行を探す。そうしないのは為替リスクと10％以上のリターンを株投資などで実現できる自信があるからだ。

第6章

アフター・コロナに訪れる「国家暴力の時代」

ワクチン開発を成功させた投資環境

コロナ禍を通じて再認識したことがある。それは、アメリカが潰れることなどありえないということだ。そう確信する理由は、アメリカによるワクチン開発にある。

感染症の医療は予防→検査→治療の順番で病気に対応する。インフルエンザには予防ワクチン、短時間で結果の出る検査、そしてタミフルなどの治療薬があるので「共生」が可能となっている。対して新型コロナは「クラスターを作らない」「マスク着用」などの予防は公衆衛生的。検査こそPCRがあるが、現在のところ治療法は対症療法のみだ。

そこで医学は2つのアプローチを試みた。主流派がワクチン、非主流派が治療薬の開発だ。そこに投資が行われるということで、投資家は高いレベルの開発についての情報入手が可能となっている。

ワクチンではロシアと中国が「開発の先行」を自賛していた。が、中ロが「開発」という言葉を使った時、常に疑惑を持つのが投資の世界の常識だ。この時は、内部から治験データがリークされて、疑いは確信になった。

それ以前の問題が、株式市場での透明性だ。たとえ一流企業でもスキャンダルが露見すれば時価総額が下がるばかりか、資金調達が困難になる。だが中ロ両国ともにトップの権力が絶大で、投資環境も透明性からはほど遠い。投資環境の透明性という意味で、本命の一つとされていたのが、イギリスの製薬会社「アストラゼネカ」だ。「もっとも進んでいる」とされていたが、2020年7月くらいから「難しい」という観測が同社内部から聞こえていて、「株式市場から未曾有の資金調達ができている。しかしウイルスの型が増えてしまって、すべてを網羅するのは不可能かもしれない」

という内部情報も漏れてきたのである。同年9月8日には副作用の疑いで治験が中断されたが、その後再開され、2020年12月末にイギリスで承認された。

一方で、感度の高い投資家は非主流派である治療薬の開発を2020年3月くらいから開始していた「ファイザー」に注目していた。私が「ファイザー」を信用していた理由は、同社が「アメリカ」の企業であるという点だ。

理論構築、ラボの建設、実験設備、実験、生産、そして人件費……科学技術の開発が成功するために必要なのは「莫大な資金」だ。ましてや「コロナ」のような「喫緊の開発」が必要とされる場合、迅速にマネタイズ(資金調達)を行わなければならない。世界で一番それを実行できる能力がある国がアメリカである。なぜか――。

それはアメリカが世界で一番「戦争」を経験している国だからだ。

戦争の敗北は、基軸通貨「ドル」の信頼を揺るがせる。ドルの信頼低下は国富の損失ということで、アメリカにとって「戦争」は常に「国家存亡の危機」なのだ。だが戦争は「不測の事態」が連続発生する「暴力の応酬」だ。それを打開する決定要素こそ「科学技術」ということになる。

アメリカ人だけに許された「特権」

第二次世界大戦でアメリカは「ドイツが原爆開発を進めている」という情報を入手すれば、世界中から天才を集めて、徹夜で働かせ実験原子炉を作った。ベトナムの空でソ連の戦闘機「ミグ」に苦戦を強いられれば、「F－15」を開発。イラクが頑強な軍事施設を地下に造っているとわかれば、地中貫通爆弾を開発して攻撃を行う。

世界で戦争当事国として一番経験しているアメリカは、暴力とマネーが技術を生み出すという投資環境がもっとも整備された国ということだ。

2020年5月には、アメリカの「スペースX」が世界初の民間有人宇宙飛行を成功させた。対して日本では堀江貴文氏が「インターステラテクノロジズ」を創設し、ロケット開発を行っている。「スペースX」は2020年5月に約540億円を資金調達。対してIR情報によれば2019年7月に「インター」社は12・2億円を調達した。

戦時での下地があるからこそ技術ベンチャーにアメリカの投資家は投資を行う。対して日本の投資環境は、凍えるほどにお寒いということだ。

投資の話になると「アメリカが」「アメリカは」と、とかくアメリカをモデルにして模倣を強要したがる人がいる。だが、この人たちは暴力と連動させることで作り上げたアメリカの投資環境を本当に理解しているのだろうか。

資源を持たない日本にあって企業は「為替」の変動リスクに常に頭を悩ませ、個人消費者もガソリン、食料、日用品に至るまで常に為替リスクに晒されている。民主党政権においては円高放置が行われた。為替はアメリカとの外交問題なのだが、当時は場当たり的な外交を行ったことで円高が続き、多くの工場が海外に移転。生産空洞化した「悪夢」は現在まで続いていることが、「為替リスク」のわかりやすい例だ。

この「為替リスク」から世界で唯一解放されているのがアメリカ国民だ。「為替」は基軸通貨「ドル」を基準に上下する。加えて「ドル」は戦略物資の取引を支配している。日本の投資家がニューヨーク株式市場に投資する場合、利益は「為替」を考えながら生み出さなければならないが、アメリカ国民にはその苦労がない。「為替レート」に頭を悩ませるのは、国外への観光旅行の時くらいだろう。

ドルで資産形成する優位性もここにある。

世界最強の暴力と通貨が当たり前に存在する安心感があるからこそ、米国民は借金を恐れない。自分の収入の何倍ものローンを組んで、家や車を購入する。こうして低所得者向けの住宅ローン「サブプライム」は破綻した。それでも懲りずに名前を変えた同様のローンを生み出して利用するのだ。まさに「いったれ経済」で、それは国民性としか言いようがない。「学習しない人たち」と言い換えることもできるが……。

国家暴力の価値

新型コロナウイルスのワクチンは未曾有の速度で開発され、供給が開始された。

コロナ禍以前の「ノーマル」な価値観であれば、優先されるべきは高い信頼性が担保されたワクチンだったはずだ。しかし市民が国家に納税し、国家は市民の生命、財産など人間が自然に持っている「権利」を保障するという「社会契約」をコロナ禍は破壊した。市民に対する生命へのリスクを度外視しても、国家に対する「不信」を「信頼」に変えることが喫緊の課題となっていたということになる。

これまでであれば「横暴」とされてきたことが、許されるようになってしまったのだ。「コロナ」という暴力に対して、もはや「横暴」という「暴力」でしか対抗できない。

〝国家暴力の時代〟が始まったことは、イスラエルによって明らかになった。

イスラエルでは当時、首相のベンヤミン・ネタニヤフ氏がいち早く自らファイザーと蜜月の関係を構築。政府が被接種者の医療情報をファイザーに提供する代わりに、優先的なワクチン供給を勝ち取った。オックスフォード大学を拠点とする「Our World in Data」の調査によれば、2021年1月18日時点でイスラエルにおける接種率は28・02%と世界首位。2位、UAEの19・04%に大差のリードを付けていた。

1948年に中東社会の真ん中に建国したイスラエルの歴史は、中東での戦争の歴史でもある。イスラエルは資本力、軍事力、政治力などを駆使して、アラブ諸国に囲まれて国を持続してきた。情報機関「モサド」の知名度が高いように、イスラエルのパワーを支える大きな要素の一つが「情報」の収集能力と分析能力だ。

そのイスラエルが供給当初のワクチンのリスクを知らないとは思えない。イスラエルはリスクを負ってでも誰よりも早くワクチンを入手したということだ。そうまでした理由は国民の健康だけではなく、中東内の対立にある。

当然のことながらイスラエルは「ユダヤ教」だが、建国によって自国とした聖地エルサレムは、イスラム教の聖地でもある。アラブ諸国とイスラエルの遺恨の根底には、「ユダヤ教とイスラム教」の宗教対立が存在する。

特にイスラエルを憎悪しているのがイランだ。

生物兵器を使用すれば、国際社会から非難され制裁を受けることになる。だがワクチンを独占的に供給すれば、対立国内の「コロナ」を生物兵器化することができる。ワクチンはイスラエルにコロナ前の社会生活だけではなく、防衛安全保障上の高い優位性を提供した。

新型コロナウイルスが社会構造を破壊し、ワクチンの登場によって新たな社会構造が生み出されつつあるということだ。「コロナ」を暴力に転換させるワクチンは国家間のパワーバランスを変える能力を持っている。

２０２１年2月7日、中国国防部は、人民解放軍が中国製ワクチンをパキスタン軍とカンボジア軍に無償提供したことを発表した。すでに「ワクチン」は外交・安全保障のツールになっているということだ。今後もワクチンを軸にした国際戦略が米中間で展開されるだろう。安全保障を脅かす武器となるワクチンを自国開発しなければならない理由の一つはここにある。アメリカと中国に挟まれた日本にとっては喫緊の課題でもある。

この「暴力には暴力」の同一地平で起こったのが統治システムに対する評価の転換だと、私は考えている。それは、国家暴力を効率的に行使できる「独裁制」の再評価だ。中国、ベトナムといった共産党による一党独裁の国家が、新型コロナウイルス感染拡大をワクチンがない中でいち早く封じ込め経済回復を実現した。コロナ禍という圧倒的な暴力に対して有効なのは、国家暴力を効率的に行使できる「独裁制」であることが周知された。

こう聞くと「ナチスドイツを肯定するのか！」と、激昂《げきこう》して人格否定を始める人が多くいる。こうした人たちは「独裁」という言葉に脊髄反射を起こしているに過ぎない。そもそも「ナチス」を「独裁制」の代表とすることが正しいのだろうか。

もちろん、ユダヤ人の虐殺をはじめとして、ナチスの行ったことが鬼畜の所業であることはいうまでもない。だが、ナチスがドイツで台頭した背景となったのは第一次世界大戦の敗戦による賠償金と、植民地の没収だ。１９２９年、そこに世界恐慌が押し寄せた。国民総貧困という暴力的な状況に対して、ドイツ国民は「ナチス」という暴力をもって対抗したということになる。

ソ連や中国が共産党による一党独裁の国家として建国されたのに対して、「ナチス」は民主主義的な選挙を通じて有権者によって選択された。つまり歴史的には「ナチス」のほうが異例の独裁制なのだ。こうした「異例」を防止するため、ドイツでは「阻止条項」が設けられた。政党得票率で5％未満しか獲得できず、かつ小選挙区制で3議席以上獲得できない政党が連邦議会の比例代表に議席を得ることを禁じているのである。

マネーが集まる重要要素が「暴力」だ

アメリカ大統領、ジョー・バイデン氏が新型コロナウイルスの発生について改めて調査するよう情報当局に指示したのは、２０２１年5月26日のことだった。中国発生説を実証する意図は明白だ。また、同年6月13日に閉幕したＧ７の共同宣言では、

「台湾海峡の平和と安定の重要性を強調し、両岸問題の平和的解決を促す」

としながら、

「自由や平等、人権の保護などの力を使って挑戦に打ち勝つ」

とした。一国二制度による台湾接収は中国が「核心的利益」と呼ぶ国家戦略だ。この両岸問題について中国の国家主席、習近平氏は２０１９年、２０２０年と「武力行使」に言及している。「アフター・コロナ」に向けて、米中新冷戦構造の緊張激化は避けられない見通し

だ。

２０２０年6月30日、中国政府は「香港国家安全維持法」を成立させた。これによって、香港への一国二制度は事実上終焉した。香港は世界金融センター指数でニューヨーク、ロンドンに続いて3位を維持してきた。２０２０年4月に6位に落ちたものの、重要な役割を担っていた。これまで中国政府は内陸地の深圳《しんせん》に香港の機能を移転しようとしたが、円滑とは言いがたい状況である。一党独裁の国に持ち込めば収奪されるリスクが高いからだ。「香港国家安全維持法」によって、アジアは「金融センター」を失うこととなった。

「金融センター」には「オフショア」とも呼ばれるものがあったが、それがどれほど莫大な利益をもたらすのかを知らない人は多い。「オフショア」のあるケイマン諸島にはベージュ色の5階建ての「アグランドハウス」と呼ばれる建物がある。リゾートホテルのような、この小さな建物の中に世界中の何万もの企業が存在する。すなわちペーパーカンパニーだ。

その建物の中でも私書箱「３０９」は三井住友銀行系をはじめ、日本の金融機関の関連会社が「同居」していた。ただし、管理人は金融の世界とは無縁の中年のご婦人だ。日々、この建物の中で兆円規模のマネーが往来していることを、座っているだけのご婦人は知らない。

莫大なマネーが動くということは、記帳代、手数料なども また巨大になるということだ。世界銀行の発表によれば、2017〜2018年の、ケイマン諸島の一人当たりの名目GDPは約64000ドル。同年のアメリカ人の約59500ドルより高い。

新冷戦構造下では香港のように「マネーの源泉」がこぼれ落ちるような事態が起こる。だが現在のままの日本では、その受け皿になることはできない。なぜか——アメリカを考えれば理解できる。

「ドル」が基軸通貨となったのは、第二次世界大戦末期の世界で一番安全なアメリカに、世界中の金地金が避難してきたからだ。アメリカ本土の安全を保障したのは世界最強の暴力「米軍」だ。

このことは資産の信用が「暴力」なしには得られないことを示している。

戦後、基軸通貨「ドル」は石油や穀物など戦略物資の決済を支配した。ドルの権益を侵す者に、アメリカは躊躇なく米軍を差し向ける。暴力がドルを守り、ドルが国富を生み、国富が暴力を維持させる——これがアメリカの成長の構図である。

アメリカ以外の国がマネーを集めるためには、ドルと暴力を保有しなければ不可能だ。「M（Money）＝＄V（Violence）」という式で表すことができる。デジタル人民元の項で解説したが、中国は独自のブロック経済圏を作り、サイバー空間に「人民元」を構築しようとしている。「M＝＄V」から「M＝元《げん》V」に世界構造の転換を図ろうとしているのだ。

「M＝＄V」モデルの典型が戦後の日本だ。敗戦によって暴力を放棄した日本が高度経済成長を実現し繁栄を謳歌できたのも、ドルに近い円を発行して、日米安全保障条約によって米軍の暴力を借りていたからだ。米ソ冷戦構造は、日本から遠いヨーロッパがフロントライン（最前線）だった。ナチスを生んだドイツが戦後いち早く再軍備に向かい、アメリカから核を貸与される形での核保有国となったのもこのためだ。そのことで暴力とドルをセットで手に入れた西ドイツは繁栄し、ドルがなかった東ドイツは沈んだ。

米中新冷戦構造では日本がフロントラインとなる。暴力を保有しなければ、マネーが集まるどころか、日本からマネーが逃げていく事態になりかねない。

「国家暴力の時代」の幕開け

繰り返すが新型コロナウイルスは人間社会の根底を支える「信用」を崩壊させる「暴力」だ。「暴力」には「暴力」でしか対応できない。

ここでいう「暴力」とは人を傷付けることではない。近代国家では移動や飲食など「自由の権利」が保障されている。ワクチンを打つかどうかも「自由」だ。そうした「自由」を制限することは「暴力」だ。

国家は防衛、経済、市民生活の安全保障のために軍や警察といった「暴力」を保有する。近代国家の特徴は暴力が暴走しないように「シビリアン・コントロール」を敷いている点だ。軍事クーデターが起こらないように政府が予算をグリップし、指揮命令系統にも政府が介入できるような制度になっている。自国の利益のためには躊躇なく暴力を行使するアメリカでさえ核ボタンのスイッチは、大統領が管理しているのだ。

その顕著な例が日本の関東ヤクザと関西ヤクザの差だ。1960年の日米安保条約を巡って国内では左翼運動が暴徒化していった。関東ヤクザ組織は大同団結して警察と協力し「反共の壁」として機能しようとした。以後、関東ヤクザはガバメント・コントロールを受け入れ、暴力性を喪失せずに「お目こぼし」を許されている。ガバメント・コントロールを拒絶した関西ヤクザに情状酌量は与えられず、国家と常に壊滅と生存の闘争を続けている。すなわち、政府による「シビリアン・コントロール」下にない民間の暴力行使はすべて「犯罪」となる。

コロナという「暴力」には「暴力」でしか対応できないが、「暴力」の行使主体は「国家」ということになる。

中国、台湾、ニュージーランド、オーストラリアなど、新型コロナ封じ込めに成功した国や地域もあった。明暗を分けているのは「暴力」だ。成功した国は個人情報を国家が管理している。感染の芽をいち早く摘み取り、強力な移動制限を行うなどピンポイントで「ソフト・マーシャルロー（＝緩やかな戒厳令）」を敷いていたということだ。

２０２１年5月24日、国連事務総長のアントニオ・グテーレス氏がＷＨＯ（世界保健機関）年次総会の冒頭演説で、世界が新型コロナウイルスと「戦争状態にある」として、「戦時の論理をもって対処するように」と呼びかけた。コロナという圧倒的な暴力に晒された「戦時下」という状況を考えれば「ソフト・マーシャルロー」は当然の措置といえるだろう。

感染拡大防止の中では政府による緊急事態宣言が発動された。私権制限がないということで「自粛」という形になったが、多くの飲食店は「営業の自由」を制限されたのだ。「緩慢な国家暴力」を行使されたということになる。２０２１年4月の厚生労働省通知によって、トレーニングを受けた歯科医師がワクチン接種を行えるようになった。これまでの医療界の慣例を「国家暴力」が打ち破ったということだ。

コロナ禍で破壊された国家と国民の信用回復のために、日本でも遅まきながら「国家暴力」が行使され始めたことに私は賛成している。まさに「戦時の倫理」ということになる。新型コロナウイルスは国内の経済を大きく傷付けた。また前述したようにコロナ禍を軸に新冷戦構造の緊張が高まるのは既定路線だ。

「半導体は産業のコメ」として80年代に世界の半導体をリードしていたのが日本だ。半導体産業衰退の原因は1986年に合意した「日米半導体協定」だが、アメリカの圧力に屈した理由も暴力を保有していなかったからだ。新冷戦構造下でアメリカは中国の半導体製造技術を規制した。その影響で、自動車製造用の半導体の供給不足が2020年末ごろから世界中で問題となる。

かつての半導体王国日本は、半導体生産を外注しているありさまだ。

暴力は抑止しなければ価値がない

2021年6月4日、経済産業省が、半導体の生産・供給能力確保などを盛り込んだ「半導体・デジタル産業戦略」を発表した。

訪れる「冷戦構造緊張激化」「コロナ禍復興」は、戦後復興同様、国家が暴力的に主導することが最良だ。新冷戦構造でこぼれおちた「半導体」を手に入れるという意図だが、「暴力」を保有しなければ同じ結果になることを歴史から学ぶべきだと私は考えている。

またコロナ禍ではマネーが濁流のようにあふれ出した。マネーの反乱はインフレを招く。ＦＲＢは失業率とインフレ率を睨みながら、どこかでテーパリングを行わなければならない。２０２１年6月19日にはＦＢＲ議長、ジェローム・パウエル氏がテーパリングに関する議論が始まりつつあると明かした。

その時、マネーを集める土台が「暴力」であることはアメリカが証明したとおりだ。

１９４５年の敗戦への反省と、それに続いた戦後民主主義教育の「負の遺産」は、日本人に「国家暴力＝民主主義の崩壊」という間違った認識を植え付けた。そればかりか「暴力保有」が「暴力行使」と同じ意味で考えられている。コロナ禍は日本人の「暴力」に対する誤解をあぶり出した。すなわち日本人が「暴力」を考える最大のチャンスでもある。

暴力を保有し、その暴力を行使する場合、重要になるのが「コントロールすること」だ。前述した「シビリアン・コントロール」が敷かれるのもそのためだ。

その理由は「人道」でもなんでもない。暴力が暴走した時のほうが損失が大きいという経済的理由があるからだ。

核兵器は１９４５年に日本で使用されて以来、一度も使用されていない。人類を破滅に追い込むほどの強力な暴力を先制して使用すれば、自分の国にも莫大なダメージを与えるリスクが高いからだ。

自国利益のための戦争行為は「侵略」になる。そうして国際社会から孤立すれば、貿易という巨大な国富を喪失することになる。２００3年からのイラク戦争は、その3年前にイラクの大統領、サダム・フセインが石油決済をドルからユーロに替えようとしたことが大きな原因とされている。石油のドル支配を理由にすれば「侵略」ということで、アメリカは「イラクが大量破壊兵器を保有している」ということを動機にした。この真偽の真相は実は不透明なのだが、自国の利益のために躊躇なく暴力を行使するアメリカでさえ、暴力行使のためには国際法順守を建て付けるということだ。

このコントロールに反していた大国が中国だ。中国と関係することがアメリカの利益を生むことで許されていたが、不利益が確実になった時に起こったのが米中貿易戦争からの新冷戦だ。

暴力団でさえ日常的に暴力を行使するわけではない。実行犯の逃走資金、裁判費用、実行犯の家族の生活費、それればかりか共同正犯でトップが逮捕されれば、同様の費用がかかるのだ。

暴力行使と費用対効果の問題があるからこそ国家は外交を、暴力団は交渉を行う。交渉力を支えるのは、もちろん保有する暴力だ。

暴力のうま味は保有することであって、行使することではない。したがって、国家暴力においては「公共の福祉」を効率的に満たすことを目的に行使されなければならない。「戦時」にまかせて「国家暴力」が行使される際、もっとも注意をしなければならないのが「暴力」の「暴走」である。「暴走」を抑止するために不可欠なのが民主主義の健全性であることはいうまでもない。

健全な民主主義を支えるのは「表現の自由」による正しい情報の共有と、対立政党という選挙における選択肢の存在だ。だが日本における報道と、野党による政権批判の大半が「できないこと」に集約している印象だ。

その好例が「東京五輪」の開催だ。開催50日前でも大きなメディアや野党は「開催中止」を求めた。だが多国間の複雑な利権が絡み合う国際イベントを、このタイミングで「中止」することなど「不可能」だ。そもそも五輪はＩＯＣ（国際オリンピック委員会）と開催都市との契約に基づいて開催される。政権が五輪の参加選手の入国拒否を行えば事実上「中止」にできるが、短期間の鎖国の政治判断などできるはずもない。

「不可能なこと」を要求して、政権から「不可能だ」という答えを得ることで、政権の能力不足を証明し民意を得るという手口だ。

メディアと野党がこの戦略をとる限り、健全な民主主義の成立は難しいと私は考えている。したがって、健全な民主主義を支えるのは、有権者の皆さん自身の「民意」しかないということになる。

マネーの世界に生きる私はリアリストである。ゆえに政治に夢を抱かない。これまで政治に対する無関心を貫いてきたが、暴力を保有する主体は国家でなければならない。国家暴力がマネーを左右する時代が始まったのだ。マネーに直結するという意味で、政治への発言も増えていくことだろう。

アフター・コロナに訪れる国家暴力の時代を過ごすためには、皆さんが「暴力」と向き合う必要があるということだ。そのことが皆さん自身の「豊かさ」を維持すると私は考えている。

おわりに

本書出版は、前著『ダークサイド投資術』（講談社）に引き続き、企画部の唐澤暁久氏が興味を示してくれたことが大きい。担当編集の栗原一樹氏、佐藤慶一氏には頭が下がるばかりだ。私が巻き込まれることになった「テラ社」の一件について、真実を書いてくれたジャーナリストの伊藤博敏氏にも謝意を送りたい。

読者の皆さんが一人でも苦難の時代を生き抜いてくれればという一心で、どうにか完成にたどり着いた。私のために尽力してくれた人々も含めて感謝は満腔のものである。

２０２１年８月

猫組長こと菅原潮

猫組長（菅原潮）

1964年生まれ。兵庫県神戸市出身。元山口組系組長。評論家。大学中退後、不動産会社に入社し、のち投資顧問会社へ移籍。バブルの波に乗って順調に稼ぐも、バブル崩壊で大きな借金を抱える。この時、債権者の一人であった山口組系組長を頼ったことでヤクザ人生が始まり、インサイダー取引などを経験。石油取引を通じて国際金融の知識とスキルを得る。現在は引退して執筆活動などを行う。著書に『ダークサイド投資術』（講談社＋α新書）、『金融ダークサイド』（講談社）、『暴力が支配する一触即発の世界経済』（ビジネス社）、『アンダー・プロトコル』（徳間書店）など。

講談社＋α新書 830-2 C

カルト化《か》するマネーの新世界《しんせかい》

元経済ヤクザが明かす「黒い経済」のニューノーマル

猫組長《ねこくみちょう》（菅原潮《すがわらうしお》） ©Nekokumicho（Ushio Sugawara） 2021

2021年8月18日第1刷発行

発行者——— 鈴木章一

発行所——— 株式会社 講談社

東京都文京区音羽2-12-21 〒112-8001

電話 編集（03）5395-3522

販売（03）5395-4415

業務（03）5395-3615

デザイン——— 鈴木成一デザイン室

カバー印刷——— 共同印刷株式会社

印刷——— 豊国印刷株式会社

製本——— 株式会社国宝社

本文データ制作—— 講談社デジタル製作

KODANSHA

Printed in Japan

ISBN978-4-06-524650-4